Lea muy rápidamente

Lea muy rápidamente

Lea diez libros en lo que los demás leen uno

Editorial Playor

Estimado/a cliente:

Queremos agradecer su confianza en nuestros libros.
Si desea ampliar información acerca de nuestras publicaciones y recibir interesantes ofertas,
envíe sus datos personales, incluyendo nombre y dirección, a

DEPARTAMENTO DE ATENCIÓN AL CLIENTE

Editorial PLAYOR
Apartado 50.869
28080 Madrid

o llámenos al (91) 541 2804

LEA MUY RÁPIDAMENTE

Primera edición: noviembre de 1994

Santa Clara, 4 28013 Madrid
Tel.: 541 2804 Fax: 541 0368
Cubierta: FABO, Diseño gráfico
Composición: SLOCUM
General Díaz Porlier, 71
ISBN: 84-359-0706-6
Depósito legal: M-10485-1994
Impreso en España / Printed in Spain
Gráficas Rógar, S.A.
León, 44 Polígono Ind. Cobo Calleja
Fuenlabrada (Madrid)

ÍNDICE

I
Donde se explica por qué hay que leer rápido
13

II
¿Cómo sé si reúno las condiciones para leer rápido?
27

III
El hábito hace al monje
41

IV
Antes de la prisa, la pausa
55

V
La concentración y la memoria
69

INTRODUCCIÓN

El título de este libro puede inducir a error. Algunas personas dirán: «Sí, se vanagloria de haber leído un montón de libros, pero ¿qué le ha quedado en la cabeza de todo eso?» Son personas que consideran que la rapidez en la lectura está reñida con el entendimiento, la comprensión y la profundización. La rapidez equivale a superficialidad.

No hay que preocuparse por estas opiniones. Lo que ocurre es que en el colegio y en nuestro hogar, cuando aprendíamos a leer o teníamos que estudiar para los exámenes, nos insistían en que leyésemos despacio, con sumo detenimiento. Si la lectura era en voz alta, la maestra censuraba a los que leían *de carrerilla.*

También existe otro problema: el de las personas que *odian* la lectura. ¿Cómo van a leer diez libros si no son capaces ni siquiera de leerse el periódico? Si este atribulado personaje fuese un obrero de la construcción, que se contenta con leer las crónicas de fútbol para entretener el largo viaje de regreso a casa después del trabajo, no habría ningún conflicto. Aunque la lectura es buena para el ser humano, no es obligatoria para todos los habitantes de este planeta.

En cambio, si la persona reacia a la lectura es una estudiante de Psicología que tiene que leerse miles y miles de páginas en menos de seis meses netos, entonces la situación es realmente grave. ¿Cómo solucionará este dilema?

Las personas que tienen un buen hábito de lectura, que disfrutan con un libro en la mano, que prefieren una buena novela a la televisión, en fin, los que no pueden vivir sin el libro —así como los llamados *ratones de biblioteca*— por lo general, no tienen problemas con la lectura rápida. Intuitivamente, durante tantos años de lectura permanente e intensa, han desarrollado su propio método para leer con rapidez. Estas personas, cada vez más escasas, son las que nunca tienen problemas cuando se trata de *devorar* libros.

No obstante, hasta el mejor lector de novelas puede tener su talón de Aquiles. Es posible que le resulte muy amena la lectura de Balzac o Cela, pero, ¿qué sucede si nuestro amigo tiene que leerse montones de cartas comerciales? Quizás trabaje en una empresa que ha solicitado a los consumidores su opinión sobre el producto y a él, precisamente, le han encargado que se lea esa enorme correspondencia y elabore un informe. En este caso, sólo le ayudará una aplicación consciente de la técnica de lectura rápida.

También se necesitará esta técnica cuando estemos ante un complicado formulario que debamos rellenar en cuestión de minutos; o si tenemos que leer unas instrucciones de primeros auxilios porque se ha producido un accidente. No es posible perder tiempo en estos casos. Hay que leer rápido y comprender perfectamente lo que hemos leído.

Este libro puede ayudar a todas estas personas: a los lectores que están descontentos con su rendimiento, porque no pueden mantenerse al día; a los ejecutivos que se ven obligados a leer informes, cartas, memorias, etc., no por placer, sino como parte de su trabajo; a los estudiantes que tienen que vencer una extensa bibliografía cada curso; a los científicos necesitados de actualizar y ampliar permanentemente sus conocimientos; en fin, a todos los que quieran leer mucho, rápido y bien.

Hay una solución para este problema. Esa solución la hallará en este libro. Si usted quiere contar con ella, sólo tiene que hacer lo siguiente:

- Lea con detenimiento este libro
- Siga al pie de la letra sus consejos
- Realice con tesón y regularidad los ejercicios que le proponemos
- No ceje en su empeño, aunque los resultados se hagan esperar
- Procure adoptar una actitud favorable hacia la lectura

Esta obra no promete *milagros,* pero sí afirmamos que es posible leer bien y con rapidez. Con el método que le proponemos, usted también podrá leer diez libros en el mismo tiempo en que antes leía uno solo.

• I •

DONDE SE EXPLICA POR QUÉ HAY QUE LEER RÁPIDO

¿Ha desaparecido su mesa de trabajo bajo un montón de carpetas, folletos, manuales, cartas e informes? Usted responde que sí y se siente abrumado por ese enorme peso. Se supone que hace semanas que todo ese material tendría que haber sido leído y valorado. Pero usted no tiene tiempo para leer.

¿Está indignado porque el profesor ha dado una enorme bibliografía para este semestre? No sabe cómo se va a leer semejantes *libracos,* además de estudiar lo correspondiente a otras asignaturas si también tiene que asistir a clases y conferencias, elaborar trabajos, ir a las prácticas, etc.

¡Está decidido a no ir más ni a las ferias de libros ni a las librerías! ¡Qué desesperación! Cientos de nuevos títulos, cada uno más interesante que el otro. Y usted se mueve en un ambiente donde hay que estar al día, no es posible decir que no se ha leído ni una sola línea del último escritor de moda. Lo peor es que usted tiene múltiples intereses y lo mismo le gusta un libro sobre jardinería que otro relativo a la vida de Albert Einstein. En fin, ningún libro escrito le es ajeno.

Pero... ¡el tiempo!

Usted puede encontrarse en cualquiera de las situaciones descritas o en otra similar. Todas estas personas llegarán a la misma conclusión que usted: es necesario leer más. Pero no se trata de dedicar más horas a la lectura, sino de leer más en igual tiempo o, incluso, en menos. A nadie le sobra el tiempo.

Está demostrado científicamente que todas las personas leen por debajo de sus posibilidades reales. Esto significa que todos podemos aumentar nuestra velocidad de lectura. Es cierto que no siempre se nos exige leer a la velocidad máxima posible, pero sí tenemos que ser capaces de alcanzar los mejores niveles de rapidez y comprensión en cada situación.

Ahora bien, es obvio que no se lee igual una obra científica o filosófica que una novela o el periódico. Tampoco se lee con la misma rapidez cuando tenemos que clasificar la correspondencia que acaba de llegar que cuando nos deleitamos con un libro de poemas. En el primer caso, nos podríamos comparar con un corredor de 100 m, que aspira a conquistar la marca mundial. En el segundo, somos un amante de la naturaleza que pasea tranquilamente por el bosque.

1
¿A QUÉ VELOCIDAD SE DEBE LEER?

Para determinar la velocidad de lectura adecuada, es necesario clasificar el material que se lee. Partimos de un lector medio, es decir, persona adulta, con cultura general satisfactoria, con hábito de lectura, sin método específico de lectura rápida.

De la tabla siguiente, deducimos que a mayor dificultad, menor velocidad de lectura. Esto es lógico. También lo es que no se indique ningún número de palabras para las lecturas especiales, puesto que son casos extraordinarios, donde lo que prima es la comprensión —determinada por la dificultad— y no la rapidez. De todos modos, aunque no existe una velocidad de lectura única, sí podemos hablar

TIPO DE LECTURA	Nº DE PALABRAS POR MINUTO
ELEMENTAL: publicidad sencilla, lecturas de entrenimiento, artículos y crónicas periodísticos sencillos.	250
NORMAL: correspondencia comercial general, artículos y editoriales periodísticos, manuales de instrucciones para usuarios, etc.	180
ESMERADA: informes generales sobre asuntos conocidos, publicidad que nos interesa especialmente o con cifras, temas sencillos desconocidos, temas novedosos, textos en idioma extranjero que dominamos bien, estudio informativo.	135
CONCENTRADA: material técnico, textos con cifras y fórmulas, aprendizaje de nuevos conocimientos, textos en idioma extranjero que no dominamos perfectamente.	75
ESPECIAL: textos extremadamente difíciles o en un idioma que apenas conocemos.	

de una velocidad media, que según la tabla sería de unas 180 palabras por minuto. Es evidente que muchas personas superan esta media en tanto que otras quedan muy por debajo.

Pero vamos a hablar del lector adulto, que no suele leer con frecuencia. Es un personaje más común de lo que se piensa. Por desgracia, el sistema escolar no garantiza la formación del hábito de la lectura. Si bien es verdad que con este hábito se logra aumentar la velocidad, ¿qué se puede decir de los que carecen de él? Por eso, afirmamos en este libro que es posible leer diez libros en lo que otros leen uno.

Para demostrar esa afirmación, le presentamos otra tabla donde aparecen cifras muy interesantes sobre la velocidad media de lectura. Se trata de datos obtenidos con distintos tipos de lecturas, no conocidas previamente, realizadas por personas con las características que se indican en cada línea.

Si tomamos los dos extremos de esta tabla, el lector sin práctica y el que tiene gran capacidad y logra una perfecta aplicación de la

TIPO DE LECTOR ADULTO	MEDIA DE PALABRAS POR MINUTO
Sin práctica	90
Normal	170
Con práctica y método propio de lectura rápida	250
Adiestrado en la técnica de lectura rápida	500
Con gran capacidad y perfecta aplicación de la técnica	900

técnica, vemos que es perfectamente posible multiplicar por diez nuestra capacidad de lectura en un tiempo dado.

2 ●●●●::::●●●●

¿A QUÉ VELOCIDAD LEO?

Es evidente que usted no está conforme con su rendimiento en cuanto a la lectura. De lo contrario, no habría comprado este libro. Eso le concede un punto a su favor, pues ha reconocido que tiene una desventaja. Ahora tiene que apuntarse otro tanto: por ser capaz de clasificarse como lector.

Supongamos que, en la Universidad, le han encargado un trabajo sobre el lenguaje utilizado en una novela de Pérez Galdós. Pero le ha llevado tres meses leerse *Fortunata y Jacinta,* y sólo le queda ahora una semana para redactar su ensayo. ¿Cree que podrá cumplir con el plazo de entrega? Si lo hace, ¿considera que su trabajo escrito reflejará sus conocimientos y capacidad científica de análisis? Usted ha fracasado como lector y, lo que es más lamentable, verá reflejado este fracaso en sus calificaciones. En este caso, el mal resultado obtenido no será por ignorancia o incapacidad intelectual, sino por no contar con una técnica adecuada de lectura rápida.

«Pero —argumentará usted—, ¡cómo se va a leer esa maravilla de las letras españolas en un abrir y cerrar de ojos!» Está claro que esas obras no se leen una vez y se olvidan en un estante de la biblioteca. Sin embargo, esta vez usted no leía por placer, sino para cumplir con un encargo de su profesor.

También existe el lector que lee muy rápido, pero nada retiene. Se le entrega una publicidad sobre una urbanización. La lee en un dos por tres. Nos la devuelve con un rostro feliz. Ahora viene este diálogo:

— ¿Qué ofrecen?
— Hmm... viviendas.
— ¿Qué tipo de viviendas?
— Bueno, eso, para familias.
— ¿Eran pisos o chalets?
— ¡Vaya, no me fijé!
— ¿Cuántos dormitorios?
— Ah, eso sí lo sé: tres.
— ¿Dónde están?
— Creo que cerca de Madrid.
— ¿Eran caras las viviendas?
— Pues serían como unos cinco o seis millones. Claro... no sé si eran de entrada o en total.

Le acabamos de presentar otro ejemplo de mal lector. Sí, lee muy rápido, pero su comprensión es nula. Usted tiene que determinar también cómo es su comprensión. Para saberlo, nada más sencillo que realizar una prueba de lectura y responder a un cuestionario.

Antes de empezar, tenga presente que siempre tiene la posibilidad de mejorar su rendimiento. El optimismo y la confianza en sí mismo son indispensables para alcanzar la meta que se ha propuesto: leer más rápido.

INSTRUCCIONES PARA LA REALIZACIÓN DE LOS EJERCICIOS DE ESTE LIBRO

Después de cada capítulo, encontrará ejercicios específicos para la materia que se acabe de tratar. Por ejemplo, en el capítulo II, hay ejercicios para la vista; en el capítulo V, hallará ejercicios especiales para mejorar la concentración y la memoria. Esto no significa que, una vez realizados, usted los relegue al *baúl de los recuerdos.* Estos ejercicios deben realizarse regularmente, porque todos ellos cumplen una función importante dentro del método que le proponemos.

Al final del libro, se encuentran los ejercicios para aumentar la velocidad y la comprensión. Se trata de textos diversos, que entrañan distintos grados de dificultad. Con ellos, podrá comprobar regularmente cómo va aumentado su velocidad y comprensión de lectura. Se recomienda hacer una prueba de este tipo dos veces a la semana mientras avanza en el aprendizaje de la técnica, en tanto que los demás ejercicios los realizará todos los días.

Cuando termine este libro, es decir, cuando ya conozca el método, entonces se invertirá la frecuencia de ejercicios: los de velocidad se harán todos los días y los demás en días alternos. Es importante que usted practique todos los días. Seguramente no le resultará fácil al principio, pero insista en su propósito.

EJERCICIOS

Para realizar este ejercicio, necesitará un cronómetro y un lápiz.

Proceda como sigue:

1. Registre la hora de comienzo de la lectura.
2. Realice la lectura silenciosa.
3. Registre la hora de finalización de la lectura.
4. Responda a las preguntas de comprensión.
5. Con la ayuda del texto, compruebe si las respuestas son correctas.
6. Responda al cuestionario de rendimiento.

LECTURA

HORA DE COMIENZO

La piel es nuestra carta de presentación ante los demás y refleja de forma progresiva los signos de un proceso universal, natural e inevitable: el envejecimiento. Y lo hace de tal manera y con tal claridad que es inútil tratar de ignorarlo. Por ello, es constante motivo de preocupación y de atención. Su cuidado trasciende de la intención higiénico-sanitaria para alcanzar la estética. Bien está que lo hagamos.

Las funciones fundamentales de la piel pueden quedar englobadas en dos: protección de los órganos internos de un medio que con frecuencia es hostil y agresor, y relación con el entorno más inmediato.

Por lo que respecta a las funciones de protección, de un lado estarían aquellas encargadas de evitar que el organismo se equilibre con el medio que le rodea, manteniendo sus constantes propias e independientes. De otro, la mera protección ante la agresión directa. Entre las primeras, fundamentalmente, el mantenimiento del grado de humedad y de la temperatura corporales. Entre las segundas, las funciones de protección ante la energía mecánica (presión y traumatismos), la radiante como la luz solar, la agresión química impidiendo la entrada de tóxicos, acción biológica de los gérmenes y alerta inmunológica ante sustancias que actúan como extrañas y, por lo tanto, como antígenos ante los que producir una respuesta inmunológica específica.

El mantenimiento del grado de humedad, a pesar del contacto permanente y directo con el aire, se logra merced al estrato córneo o túnica epidérmica más superficial. Las células más profundas de esta capa logran un alto grado de humedad de alrededor del 85 %. Así, el equilibrio hídrico se logra sin que la sequedad ambiental dañe las estructuras internas. La integridad, en forma de tejas solapadas del estrato córneo, evita la difusión del agua y la pérdida directa de la misma. No sucede cuando las barreras han sido alteradas como en las quemaduras extensas. La progresión entre las células también se hace muy dificultosa para el agua si recortamos la producción de esa sustancia grasa que actuaba como impermeabilizante.

La termorregulación estable es esencial para la vida de los mamíferos. La temperatura ha de mantenerse, para un óptimo funcionamiento orgánico, dentro de límites bastante rígidos. Por ello, el papel de la piel es de la mayor importancia en este aspecto. El equilibrio entre generación y pérdida de calor se debe a un sofisticado sistema dentro del cual la piel interviene decisivamente. En la piel existen receptores de temperatura (ante el calor y ante el frío ambientales) que emiten las correspondientes señales. Ante estos estímulos de circuito corto, y sobre todo en función de las órdenes dictadas desde los centros superiores del encéfalo, las glándulas sudoríparas ajustan su producción de sudor según las necesidades corporales. Se trata de un mecanismo sumamente complejo y fascinante.

La protección contra la energía mecánica evidencia la extraordinaria resistencia de la piel a pesar de su aparente fragilidad. El estrato córneo de la epidermis es extraordinariamente fuerte: hace falta una fuerza de cuarenta kilos para romper una lámina de estrato córneo de dos milímetros de espesor. También las fibras y el tejido de la dermis, de gran elasticidad, absorben la mayor parte de la energía del impacto. Más aún, por debajo de la piel, el tejido adiposo subcutáneo actúa también como eficaz colchón de amortiguación.

Nuevamente el estrato córneo y por las mismas propiedades y características que impedían la pérdida de líquidos, actúa como eficaz barrera para la penetración-absorción de tóxicos. La protección biológica contra la acción de gérmenes y microorganismos se consigue merced a la sequedad y la acidez del estrato córneo en su zona más externa.

La piel también actúa como protector inmunológico. En efecto, en el seno de la epidermis, en sus zonas medias, intercaladamente, existen unas células especiales cuya función es la captación, el reconocimiento y la ulterior presentación a las células que específicamente se encargan de la producción de anticuerpos, de aquellas sustancias o agentes externos a los que reconocen como *ajenos* y evocan la respuesta inmunológica. Son las llamadas células de Langerhans.

Por último, la protección solar es una virtud y función cutánea de extraordinaria importancia e interés. Por eso, tras conocer someramente cómo es la piel, podemos en carar las alteraciones que se producen con el envejecimiento cutáneo, especialmente las derivadas de un mal uso o, mejor, un abuso de la exposición solar (fotoenvejecimiento).

Blanco y Negro, Madrid.

723 palabras, aprox.

HORA DE FINALIZACIÓN

COMPRENSIÓN

1. ¿Dónde se muestra irremediablemente el envejecimiento?

....

....

2. ¿Cuáles son las dos funciones principales de la piel?

....

....

....

3. ¿Qué es el fotoenvejecimiento?

....

....

....

4. Mencione dos funciones de protección de la piel.

....

....

....

5. ¿Cómo se llaman las células que ejercen una protección inmunológica en la piel?

....

....

RENDIMIENTO

1. Tiempo que necesitó para realizar la lectura:

   .... minutos

2. Palabras leídas por minuto (Se obtiene dividiendo la cantidad de palabras del texto –723– por el tiempo total de lectura):

   ....

3. Número de respuestas correctas en el cuestionario de comprensión:

   ....

• II •

¿CÓMO SÉ SI REÚNO LAS CONDICIONES PARA LEER RÁPIDO?

Es posible que el resultado obtenido en los ejercicios anteriores no haya sido el esperado. No importa, no es el fin del mundo. Ahora de lo que se trata es de saber qué condiciones hay que tener para leer más rápido y mejor.

1
LAS CONDICIONES AMBIENTALES

No siempre contará con unas condiciones ambientales óptimas para leer. Sin embargo, es preciso saber qué factores pueden contribuir favorablemente a crear el ambiente propicio para la lectura. Entre ellos, están el lugar, el mobiliario, la iluminación, el nivel de ruido, el horario y la temperatura.

Las condiciones ambientales influyen de manera decisiva en la concentración. Como explicaremos más adelante en otro capítulo, si usted no es capaz de concentrarse tampoco podrá leer con rapidez. Por esta razón, es absolutamente necesario que las condiciones ambientales sean agradables cuando usted realice sus prácticas de lectura.

EL LUGAR

Procure destinar siempre una misma habitación a la lectura. Elija una que sea tranquila, preferentemente con colores "fríos" o pastel, como el verde o el azul. En este lugar, su aislamiento debe estar garantizado durante la sesión de lectura.

El dormitorio no es un lugar idóneo para estas prácticas. Al igual que los psicólogos recomiendan a los que padecen insomnio que utilicen la cama sólo para tratar de conciliar el sueño, nosotros tenemos que insistirle en que la cama no es el lugar para aprender a leer más rápidamente.

EL MOBILIARIO

En esa habitación destinada a leer, deberá disponer de una mesa y una silla para trabajar. Procure que exista una correcta relación de proporciones entre la mesa y el asiento.

Si elige una butaca demasiado cómoda, es probable que termine dormido. Sus brazos deben descansar cómodamente sobre la mesa, en tanto que su espalda se apoyará recta contra el respaldo.

Antes de comenzar a trabajar, debe colocar sobre la mesa todos los materiales que va a necesitar: libros, papel o cartón, lápices o bolígrafos, regla, atril, cronómetro, etc.

LA ILUMINACIÓN

Aunque usted haya elegido una habitación luminosa, deberá incluir una lámpara de mesa en el mobiliario. La luz del sol no debe darle directamente en los ojos ni tampoco debe reflejarse sobre el texto que lee.

La luz natural es la mejor, pero no siempre cumple con los requisitos. En verano, puede haber un exceso de luz, lo que produce una reverberación en las paredes o en el papel. En invierno, si el día es nublado, se dificulta enormemente la lectura. De ahí que necesitemos una lámpara para los días nublados o si trabajamos de noche, así como toldos, cortinas o persianas que atenúen la intensidad de la luz solar.

Tanto la luz natural como la artificial deben provenir del lado opuesto al de la mano con que escribimos. Esto significa que si somos diestros, vendrá del lado izquierdo; si somos zurdos, vendrá del derecho. Si lee con luz artificial, no utilice bombillas de color ni excesivamente intensas. Tampoco se recomiendan pantallas estampadas o en tonos oscuros.

EL NIVEL DE RUIDO

Hay personas que insisten en que la música les ayuda a estudiar. Es posible, pero lo más probable es que usted pertenezca a esa inmensa mayoría que se concentra mejor mientras más silencio hay. Si lo duda, realice los ejercicios con música y sin ella. Los resultados hablarán por sí solos.

Si la música puede ser perturbadora, ¿qué diremos de los bocinazos, las sirenas de ambulancias y el rumor del gentío callejero? Aléjese todo lo que pueda del ruido.

EL HORARIO

¿Sabe cuál es su mejor hora? Para algunos, es la mañana o incluso la madrugada. Para otros, entre las 18:00 y las 20:00, después de una agradable siesta. También están los noctámbulos impenitentes, que sólo pueden trabajar de noche.

Elija una hora que le sea conveniente desde todo punto de vista:

- mayor rendimiento
- la tranquilidad
- la inexistencia de interferencias y distracciones

Esto significa que la hora que usted va a dedicar a mejorar su velocidad de lectura tiene que ser el momento en que todas sus facultades estén en un estado óptimo, en que haya más silencio y en que nadie le moleste; ni usted se sienta tentado por otros entretenimientos, como los paseos o la televisión.

LA TEMPERATURA

Si usted está tiritando, no podrá relajarse suficientemente. Es probable que pierda la paciencia, si el calor le agobia. Todo el tiempo estará pensando en el frío o el calor, pero no en el texto que tiene que leer. Por eso, antes de iniciar su práctica diaria, procure que la habitación tenga la temperatura que le resulte más agradable para la estación del año en cuestión.

2
LAS CONDICIONES FÍSICAS

En las condiciones físicas, intervienen tres factores esenciales: la vista y la postura. Dentro de estos dos factores, hay varios elementos que también desempeñan un papel importante: el papel, la calidad de la impresión, la posición del libro, etc.

LA VISTA

Por diversas razones, que no vamos a exponer aquí, cada vez hay más personas con deficiencias en la vista. Por un lado, la miopía, el astigmatismo o la hipermetropía se manifiestan ya en niños de muy corta edad. La presbicia o *vista cansada* puede aparecer alrededor de los cuarenta años, cuando la persona se encuentra en el clímax de su vida laboral y, en algunos casos, se ve agravada por las cataratas en personas de mayor edad.

Esto significa que desde que aprendemos las primeras letras hasta la edad de nuestra jubilación, es decir, el período en que más leemos, siempre nuestros ojos están amenazadas por una u otra deficiencia visual. Por eso, nunca se insistirá demasiado en que acudamos al oculista regularmente para que nos examine la vista.

En ocasiones, los niños no prestan atención en el colegio, se les acusa de distraerse o molestar a los compañeros. Hay que tener cuidado, pues el problema puede ser una visión deficiente y no un carácter difícil. También algunos adultos se quejan de dolores de cabeza o de que se cansan pronto de leer. En esos casos, hay que acudir enseguida al oculista: con unas lentes graduadas, el problema puede quedar resuelto.

Viene esto a cuento porque es imposible leer bien si nuestra visión es deficiente. Por eso, hay que cerciorarse no sólo de que vemos perfectamente sin la ayuda de gafas correctoras, sino también de que las lentes son las adecuadas, si es que tenemos que llevarlas. Unas gafas graduadas para una distancia media (por ejemplo, para trabajar ante el ordenador) no nos servirán para leer, puesto que solemos colocar el libro más cerca de los ojos. Tampoco debemos presumir de llevar una graduación mínima cuando en realidad hace tiempo que deberíamos llevar otra más acorde con nuestras dioptrías.

Las largas sesiones de lectura cansan, aunque la vista esté en perfectas condiciones. También el polvo o el sol producen molestias. Si sus ojos están irritados por cualquier causa, evite la lectura hasta que retornen a la normalidad. También se recomienda interrumpir la lectura durante unos minutos cada hora, para realizar ejercicios. Si el cansancio es producto de varias horas de lectura, concédase un descanso más prolongado y dedíquese a otra actividad. No obstante, las personas que lean mucho deben practicar regularmente ejercicios visuales para mantener sus ojos en forma.

Le recomendamos los siguientes:

- Fije la vista en un punto bien cercano a sus ojos (por ejemplo, la punta de su dedo índice). Después, procure mirar a lo lejos. Si es

posible, trate de hacer este ejercicio ante una ventana o en un balcón, para poder dirigir la vista hacia el horizonte. Repita veinte veces.

- Si está en una habitación, realice una variante del ejercicio anterior. Fije la vista alternativamente en objetos cercanos y lejanos, que estén situados a la derecha o la izquierda, arriba o abajo. Por ejemplo: cerca derecha arriba — lejos izquierda abajo — cerca centro arriba — lejos derecha abajo — lejos izquierda arriba — cerca centro abajo, etc. Realice el ejercicio durante dos minutos como mínimo.
- Haga girar sus ojos en redondo hacia la derecha, procurando fijar la vista en el borde. Repita veinte veces. Después hágalos girar en redondo hacia la izquierda. Repita otras veinte veces.

LA POSTURA

Desde el principio de este libro, hemos establecido una distinción entre la lectura por placer o distracción —que es la que realizamos, por ejemplo, durante las vacaciones junto al mar— y la lectura como trabajo o estudio. Si bien la persona que lee con rapidez aplica esa habilidad adquirida para todas sus lecturas, es innegable que no leerá un artículo periodístico de entretenimiento con la misma velocidad con que lee en su oficina los cientos de documentos que pasan por sus manos cada día.

Por eso, no vamos a hablar aquí para los lectores que suelen disfrutar de una novela en la cama, como excelente preludio al sueño, ni de los *domingueros* que leen a la sombra de un árbol un semanario deportivo. Por supuesto que las posturas que adoptan estos lectores no son correctas, pero no todo tiene que ser disciplina prusiana en esta vida.

Sin embargo, las personas que están obligadas a leer durante varias horas al día, ya sea por su trabajo o porque estudian, sí tienen que sentarse correctamente. Nadie se extraña de que a las futuras mecanógrafas o a los usuarios de ordenadores se les enseñe a sentarse correctamente ante los equipos que utilizan. Los médicos han demostrado que si estas normas no se cumplen, existe un grave riesgo de enfermedades dolorosas e incurables, como las desviaciones de columna vertebral o las tendinitis en las manos.
¿Cómo debe sentarse un lector? Cuando hablamos del mobiliario, dijimos que debía contar con una mesa y una silla. Ambas deberán tener una altura proporcionada, de modo que la persona pueda apoyar completamente sus pies sobre el suelo en tanto que los antebrazos descansarán sobre la mesa, sin que los hombros se alcen ni el codo se flexione.

El tronco debe estar siempre recto y se evitará doblar la espalda o inclinar la cabeza. Por eso, es preferible que la mesa tenga una leve inclinación, como las de los dibujantes, o también podemos usar un atril de mesa. La consecuencia de esta posición incorrecta con los hombros o la cabeza inclinados hacia adelante podemos observarla en los viejos empleados de oficina o en los científicos y estudiosos, que al llegar a la tercera edad presentan una deformidad en la parte superior de la espalda, por no hablar de la dolorosa artrosis cervical.

Por lo demás, los músculos deben estar relajados, el cuerpo nunca puede adoptar posturas forzadas y la espalda, pero sobre todo su parte inferior, debe estar bien apoyada contra el respaldo.

●●●●●::::●●●●● 3

OTROS ELEMENTOS IMPORTANTES

Hemos incluido otros factores importantes para facilitar la lectura en este inciso porque tienen relación con la vista o la postura. Empecemos por el papel y la impresión.

Si usted va a comprar un libro, procure elegir siempre aquellos que utilicen un papel con tono ligeramente grisáceo o crema. También es preferible que sea mate a satinado. Esos papeles de un blanco puro son hermosos a primera vista pero nos agotarán si debemos tenerlos ante nuestros ojos durante 500 páginas. En general, las editoriales tienen en cuenta estas cualidades y, por esta razón, ya casi no se ven libros voluminosos en papel *couché*, mientras que las revistas gráficas sí se imprimen sobre este material, porque en ellas no importa tanto el texto, sino la imagen en colores.

Huya de los impresos con letra pequeña que le obliguen a forzar la vista innecesariamente. Procure elegir una impresión de calidad, con tipos de imprenta del 9 al 10 y una separación satisfactoria entre los renglones (interlínea). Tampoco se recomiendan las letras extremadamente sencillas o las muy recargadas. Las dos cansan y perjudican la concentración.

Por último, la inclinación del libro también tiene importancia para las largas sesiones de lectura. Utilice un pupitre inclinado o un atril, de modo que pueda regular el ángulo de visión sin tener que flexionar su espalda o su cuello. Si no cuenta con el pupitre o el atril, algún objeto colocado debajo del libro cumplirá la misma función.

EJERCICIOS

1. *Responda a las preguntas siguientes.*

a) ¿Qué factores ambientales influyen en el ejercicio de la lectura?

b) ¿Cómo debe ser el lugar óptimo para leer?

c) ¿Qué tipo de mobiliario se requiere para leer durante varias horas?

....

....

d) ¿Qué cuidados hay que tener con la iluminación?

....

....

....

e) ¿Cree usted que la música ayuda siempre a leer? Razone su respuesta.

....

....

....

....

....

f) ¿Cuál es el horario que mejor le conviene para realizar los ejercicios de lectura? Explique por qué.

....

....

....

....

....

g) ¿Cree usted que es mejor el frío para leer porque mantiene la mente despejada?

....

....

....

....

2. *Explique la importancia de la vista en relación con la lectura.*

....

....

....

....

....

....

....

....

3. *¿Cuál es la postura ideal para leer?*

....

....

....

4. *Realice los ejercicios oculares que se indican en el texto.*

5. *Acondicione un lugar para leer de acuerdo con las normas que recomiendan en este capítulo.*

• III •

EL HÁBITO HACE AL MONJE

Ha llegado el momento de hablar de los malos hábitos que hay que sustituir por otros que favorezcan una lectura rápida. Es posible que usted no tenga todos estos hábitos que vamos a mencionar, pero seguramente sí los habrá observado en otras personas. Estará de acuerdo conmigo en que ninguna de ellas lee con rapidez.

Estos malos hábitos de la lectura son:

- Lectura a media voz (vocalización)
- Movimiento labial
- Lectura palabra por palabra
- Repetición mental de cada palabra (subvocalización)
- Movimiento lingual
- Tensión o movimiento de la laringe
- Movimiento de la cabeza (como si el lector viera un partido de tenis)
- Relectura o retroceso
- Seguir la lectura con el dedo o cualquier objeto

1 LA VOCALIZACIÓN

Cuando aprendemos a leer en el colegio, lo hacemos siempre en voz alta. Esto tiene dos razones: primera, para que el profesor nos pueda corregir; segunda, para que nos familiaricemos con los sonidos y establezcamos la relación entre éstos y las letras. A continuación, aprendemos a leer en silencio, es decir, nos convertimos en lectores visuales.

Sin embargo, un buen número de niños no supera esta etapa. Ello se debe, entre otras cosas, a que el maestro no pone suficiente atención en lo que hace el alumno, es decir, no controla la expresión de su rostro mientras lee. También tiene su causa en una escolarización incompleta o deficiente. De este medio surgen los llamados *analfabetos funcionales*, es decir, las personas que saben leer y escribir, pero que no son capaces de comprender lo que leen ni de escribir de forma autónoma.

Sin llegar a ser analfabetos funcionales, algunas personas continúan con este nocivo hábito de la lectura en voz baja o acompañada de movimiento labial. Es nocivo porque la lectura se realizará a la misma velocidad con que la persona hable. También se dificultará la percepción, ya que el lector se aferra a cada palabra en lugar de intentar captar la idea general que expresa la oración o el párrafo.

2
LA LECTURA PALABRA POR PALABRA

No sólo las personas que vocalizan leen palabra por palabra. También hay lectores visuales que se preocupan excesivamente por el significado de cada vocablo. Por ejemplo, si no conocen una palabra, eso bastará para que se detengan asustadas y permanezcan en suspenso durante unos segundos. Es posible que continúen leyendo, pero en el subconsciente queda la preocupación por la palabra nueva. Eso les impedirá comprender el contenido general del mensaje.

De lo que se trata es de percibir el sentido de las frases, sin *obsesionarnos* con cada palabrilla. No todo lo que se escribe es importante para el mensaje, sino que debemos ver esas palabras o giros como *adornos.* Por supuesto que un buen redactor, con un estilo cultivado, no puede escribir simples mensajes telegráficos. Pero aquí, lo que pretendemos es aprender a leer rápido y no a redactar con buen estilo.

Hagamos una prueba. Primero, lea este fragmento literario de *Fin de fiesta,* del escritor Juan Goytisolo.

> —¿Qué te trae por acá, José? —dijo el hombre.
>
> —Verás. —José llevaba un cigarrillo apagado en la comisura de los labios y lo encendió con el mechero—. Este señó buscaba a tu cuñao y he pensao que a lo mejó tú podías darle razón.
>
> —No sé dónde está —repuso el hombre. Sus ojillos taimados me recorrían de cabeza a pies—. ¿Deseaba alguna cosa de él?
>
> Referí mi conversación con la chica del bar y su mirada se suavizó un tanto.
>
> —¿Se llama usté Álvaro por casualidá?
>
> —Sí.
>
> —¡Vaya!... Pues no me los ha mentao pocas veces a usté y sus amigos. Esta misma mañana, antes de irse... —El hombre bajó bruscamente la voz—. Les voy a decir en confianza algo que no debe salir de entre nosotros, ¿entendío? —José aprobó con un movimiento de cabeza—. Mi cuñao se ha largao a

Francia a buscá trabajo, sin pasaporte ni papeles...

—¿Cuándo?

—Hace unas horas. Se sacó un billete para Figueras y, de allí, quié pasá a campo traviesa.

—Es absurdo. Si me lo hubiera dicho a tiempo habría podido solucionárselo legalmente. Tengo amigos acá y en París que...

—Mi cuñao lo anduvo buscando a usté durante semanas... Hasta fue al Palacio de Justicia a preguntá por usté. Como no tenía sus señas...

—¿No hay forma de poderlo alcanzar?

—¡Échele usté un galgo!... A estas horas Dios sabe dónde estará.

—¿No le ha dejado ninguna dirección?

—Ninguna, no señor... El que va con él anda conchabao con un guía que ya pasó a uno del pueblo pa Francia. Si to va bien prometió mandarme unas líneas.

Ahora vea cómo puede resumirse, si dejamos las frases esenciales para el mensaje. Por supuesto que pierde en calidad literaria, pero la intención es que usted reconozca cuáles son las palabras clave.

— ¿Qué te trae por acá, José? —dijo el hombre.

— Este señó buscaba a tu cuñao y a lo mejó tú podías darle razón.

— No sé dónde está. ¿Deseaba alguna cosa de él?

Referí mi conversación con la chica del bar y su mirada se suavizó un tanto.

— ¿Se llama usté Álvaro?

— Sí.

— Les voy a decir en confianza algo que no debe salir de entre nosotros. Mi cuñao se ha largao a Francia a buscá trabajo, sin pasaporte ni papeles...

— ¿Cuándo?

— Hace unas horas. Se sacó un billete pá Figueras y, de allí, quié pasá a campo traviesa.

— Si me lo hubiera dicho a tiempo habría podido solucionárselo legalmente.

— Mi cuñao lo anduvo buscando a usté durante semanas.

— ¿No hay forma de poderlo alcanzar?

— ¡Échele usté un galgo!...

— ¿No le ha dejado ninguna dirección?

— Ninguna, no señor.

Si obviamos la forma dialogada, podemos resumir aún más esta escena. Entonces la idea central sería: José informa a Álvaro que su cuñado se ha marchado a Francia en busca de trabajo. Se fue sin documentos, porque no encontró a Álvaro. José no sabe dónde localizarlo ahora.

Este trabajo, que parece tan difícil y complicado a primera vista, es el que realizan automáticamente los buenos lectores. Van extrayendo el sentido esencial de cada oración, de cada párrafo, de cada capítulo. Usted dirá que es una labor de titanes, que es imposible. Pero recuerde que la mente humana es capaz de esos prodigios y de otros todavía más asombrosos.

De igual forma, cuando usted lee en un idioma extranjero, es posible que desconozca el significado de algunas palabras. Sin embargo, no le impedirá comprender el sentido general de lo que lee, a menos que una de las palabras nueva sea realmente esencial para la comprensión. No obstante, las personas dotadas especialmente para los idiomas casi nunca recurren al diccionario mientras leen. Si la primera vez no comprenden el significado de un vocablo, lo pasan por alto, aun cuando esto suponga perder algo del contenido. Confían en que la próxima vez serán capaces de deducir su significado por medio del contexto.

3
LA SUBVOCALIZACIÓN

Este hábito es uno de los peores enemigos de la lectura rápida. No es fácil darse cuenta de que tenemos este defecto. Consiste en repetir mentalmente las palabras escritas, de modo que se produce como una lectura doble, lo cual consume mucho tiempo.

Si estamos estudiando o leyendo por placer, la subvocalización puede ser un medio útil para profundizar en el texto, para disfrutar de las figuras literarias o encantarnos con la melodía de la prosa y la poesía. Pero si leemos para informarnos, entonces sólo nos interesa el contenido, el mensaje que nos quiere transmitir el autor. En ese caso, poco importa si utiliza este adjetivo o aquel, si se vale de una metáfora o un símil.

Aunque hay expertos que recomiendan varios ejercicios para suprimir la subvocalización, el esfuerzo que cuesta vale más emplearlo en acelerar la lectura. Esto parece ser un contrasentido, ya que la subvocalización impide leer de prisa. Sin embargo, en cuanto el lector supera la barrera de las 300 palabras por minuto la subvocalización desaparece como por arte de magia. Es en ese momento cuando las palabras se convierten en imágenes fugaces o síntesis verbales en la mente del lector.

4
MOVIMIENTOS O TENSIONES CORPORALES

Nadie permanece como una estatua de mármol mientras lee. Todos realizamos movimientos conscientes o inconscientes con el cuerpo, entre otras cosas, para encontrar una postura más cómoda, acomodar las gafas o sonarnos la nariz.

Pero hay otros movimientos que son inherentes al mal lector. El más notable de ellos es el movimiento de cabeza de izquierda a derecha, es decir, siguiendo la lectura. Este movimiento es totalmente innecesario, porque son los ojos los que deben moverse, ya que lo hacen a una velocidad asombrosa.

También están los movimientos para acomodar la postura. Si usted se está removiendo constantemente en el asiento es que algo va mal. O bien la silla es muy dura, hace mucho calor o su estómago le está pidiendo alimentos, entre otras muchas posibilidades.

A lo largo de este libro, insistiremos reiteradas veces en que la lectura debe ser una actividad distendida, agradable. Si usted está tenso, nervioso, malhumorado mientras lee, no podrá concentrarse. También esta tensión se reflejará en la laringe, la lengua o las cuerdas vocales, por no hablar de la musculatura de su espalda o de su respiración. Relájese antes de comenzar a leer.

5
LOS RETROCESOS Y LAS AYUDAS

Algo que tiene su justificación en las obras difíciles no debe convertirse en hábito permanente. Se trata de las llamadas regresiones. Si usted está leyendo, por ejemplo, a Kant, es probable que después de leer una oración o un párrafo, retorne al principio y los vuelva a leer. En este caso, esta acción puede estar justificada por la dificultad de la materia.

Sin embargo, hay lectores en los que las regresiones o retrocesos se han convertido en una costumbre consolidada. Ya lean el periódico, una novela o un ensayo científico, después de cada oración, incluso después de dos o tres palabras, sus ojos volverán hacia atrás y releerán esa oración o esas palabras. ¿Tiene usted idea del tiempo y el esfuerzo que consume este mal hábito? Si no es así, en el próximo capítulo, cuando expliquemos la función esencial que cumplen los ojos en la lectura, podrá aclarar sus dudas en este sentido.

Algunos métodos de lectura acelerada recomiendan seguir el texto con el dedo o un puntero. Esto no es conveniente, porque sus ojos siempre se moverán más rápido que su mano. Por otra parte, se acostumbrará a depender de una guía y, si ella le falta, se sentirá huérfano. Es también lo que sucede con las distintas máquinas que se han inventado para acelerar la lectura. ¿Acaso usted puede cargar con esa máquina a cualquier parte? Indudablemente que no. Así que en el momento en que tenga que dejarla en el armario, volverán los antiguos problemas y, quizás, agravados.

Decimos que pueden agravarse los problemas porque el propósito de este método es sustituir los malos hábitos de lectura por otros positivos. Si usted recurre a supuestas ayudas para leer más rápido, es posible que al principio realmente le sirvan para acelerar la lectura. Pero pronto sus ojos y su mente serán capaces de avanzar más rápido que la mano o la máquina; entonces, además del antiguo hábito, tendrá que deshacerse del hábito de la ayuda externa. Así que el esfuerzo y el tiempo serán dobles. ¿Cree usted que vale la pena?

Como resumen, podemos afirmar que es necesario desterrar por completo los malos hábitos que durante años han impedido que usted lea con rapidez. Tenga presente que no será un proceso fácil ni inmediato. Confíe en su capacidad para superar las dificultades y esté seguro del éxito. Recuerde que para ser un buen lector:

- Hay que ser un lector visual, es decir, no se debe leer en voz baja ni moviendo los labios
- No se leerá palabra por palabra
- No se subvocalizará
- Se evitarán los movimientos innecesarios, además de las tensiones corporales y mentales
- No se permitirán las regresiones inútiles, ni se utilizarán ayudas externas

EJERCICIOS

1. *Lea las siguientes cifras y letras. Detenga su vista en cada una de ellas, pero nunca retroceda. Trate de aumentar la velocidad cada vez que repita el ejercicio. Registre el tiempo que consume en cada ocasión, dentro de la tabla que aparece después del texto.*

8 2 7	2 9 3	4 6 1	9 5 2	0 1 8
3 5 7	2 8 1	7 0 3	5 8 1	3 7 9
2 2 2	4 6 9	5 3 0	7 3 7	1 8 4

a o e	h d p	s i e	p n v	u y m
w ñ m	s r p	c z i	b o v	g d q
g k x	z r y	v ñ w	o r a	h b c

2 8 5 0	4 6 1 7	8 8 5 3	5 2 0 1
d l w o	p n o q	x i e k	t x ñ m
8 2 1 7	6 3 8 0	1 1 8 7	9 2 5 8
i p n c	q l g s	t r m d	a k z ñ

q D p m g	I J g b l	ñ A V x k
3 y f 7 3	z o 2 8 m	s 7 k 0 7
j K s W y	x M i j E	a v H H s
4 g 1 2 0	k s 3 8 1	z 8 d 6 b

FECHA	TIEMPO

2. *Realice este ejercicio como sigue:*

a)

Lea todas las palabras, no omita ninguna, pero trate de hacerlo cada vez a mayor velocidad.

b)

Una vez que usted haya realizado varias veces el ejercicio, intente hacer un resumen escrito (en hoja aparte) de lo que ha leído. Compruebe si ha captado la idea esencial.

c)

Al final, encontrará una tabla donde deberá registrar sus progresos.

Rico no es el	que tiene mucho,	sino quien desea
menos de lo que	puede tener. Feliz	no es el rico,
sino el que se	encuentra a gusto	dentro de su piel.
La felicidad son	momentos	estelares —que
Maslow llamaba	experiencias	culminantes—,
pero sobre todo	una continuidad	en el estado de

armonía vigorosa mental. Tres definiciones de
felicidad nos vienen de los griegos, la
primera de Píndaro: «Sólo hay dos cosas que maduran la
flor de la vida hacia su más pura dulzura entre las
hermosas flores de la abundancia: tener éxito y ganar
con él fama. No busques ser un dios; si una parte de
esos honores te ha correspondido, ya lo tienes todo.
Las cosas de los mortales son las que más convienen a
lo mortal.» La segunda es de Solón: «Si un
hombre tiene miembros proporcionados,
está libre de enfermedad, libre de desgracia, feliz
con sus hijos y es bien parecido; si además termina su
vida bien, se le puede llamar correctamente
feliz.» La tercera aparece varias veces en Platón:
«Salud, belleza personal, riqueza conseguida
honestamente, ser joven y disfrutar con los amigos.»

FECHA	TIEMPO	PALABRAS P.M.

3. *Lea una sola vez cada grupo de números, letras o ambos que aparece a la izquierda. Inmediatamente, escríbalo en el espacio que encontrará a la derecha. Ayúdese con una cartulina para que sólo fije su vista en el grupo que desee.*

35o 83l ....

wp 89 vb 9e ....

L O T 4 6 2 ....

0 3 GG c 45 ....

7 2 U K 8 2 Ñ ....

erv 258 psw ....

Y 98 JK xc 571 ....

X 89 GU 117 ....

c5g82lz9 ....

9so 367 FaQ ....

FECHA	Nº ERRORES

• IV •

ANTES DE LA PRISA, LA PAUSA

Antes de continuar con los ejercicios para acelerar la lectura, es necesario detenernos en algunos puntos que usted debe conocer para que comprenda a fondo cómo podrá alcanzar su objetivo.

Si bien la lectura es una actividad intelectual, no menos cierto es que, a menos que se sea invidente, también depende de la función que cumplen los ojos.

1
CÓMO SON NUESTROS OJOS

Observe atentamente este dibujo simplificado que representa el ojo humano:

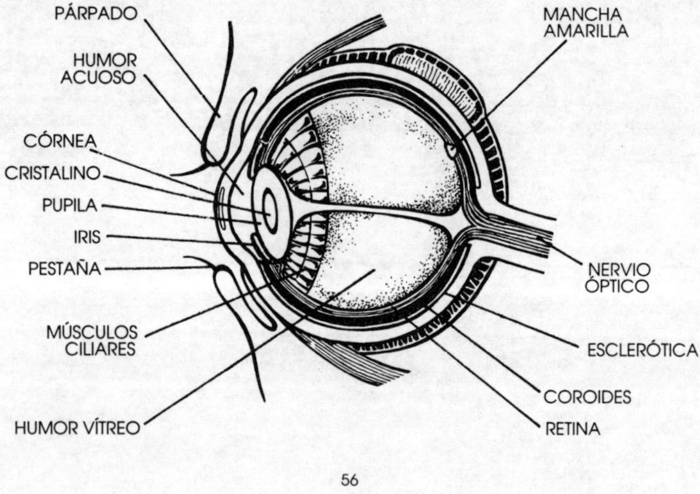

El ojo es como un globo compuesto por varias membranas. La esclerótica, que es dura, de color blanco y opaca excepto en su parte anterior, es la más externa. La córnea, la zona central de la parte anterior de la esclerótica, es transparente. La coroides se encuentra entre la esclerótica y la retina. Su función consiste en nutrir a ésta y al cristalino. En la parte anterior forma el iris, un conjunto de músculos de color variable que rodean un orificio llamado pupila. Por este orificio entra la luz al interior del ojo, en dirección a la retina.

El cristalino se halla detrás de la pupila. Es una lente biconvexa transparente. Con la ayuda de ciertos músculos, es posible modificar su curvatura para enfocar las imágenes de acuerdo a la distancia que se encuentran. Delante del cristalino, encontramos un líquido transparente denominado humor acuoso. Dentro del globo ocular, propiamente dicho, está el humor vítreo, que también es transparente, pero de consistencia gelatinosa.

La retina se compone de varias capas de células nerviosas. En la primera de ellas, hallamos dos tipos de células: los conos, con los que percibimos los colores, y los bastones, con los que distinguimos el blanco y el negro. De una de estas capas parten células nerviosas que forman nervio óptico, el cual se dirige al cerebro.

Seguramente usted ya sabe que el ojo trabaja como una cámara fotográfica. La luz entra al ojo por la pupila. El iris permite que entre mayor o menor cantidad de luz al ojo. Por ejemplo, si es de noche, el iris hace que la pupila se dilate para permitir la entrada de más luz. Si ocurre lo contrario, la pupila se contrae.

La córnea, el humor acuoso, el cristalino y el cuerpo vítreo son los encargados de la refracción de esa luz. De esta manera, mediante inversión de la luz, se realiza la proyección en la retina, que es donde se forma la imagen. Los conos y los bastones son los encargados de *descrifrar* los colores. En la retina, la imagen se convierte en una corriente nerviosa, que el nervio óptico transmite al cerebro.

Así se produce la visión. Pero nuestros ojos no se mantienen fijos. Ya sabemos que el iris y el cristalino regulan la luz y el enfoque, es decir, permiten determinada adaptación. Pero los objetos no siempre se encuentran exactamente frente a nosotros. Por eso, también contamos con músculos que permiten mover los ojos en todas las direcciones.

En este otro dibujo, vemos los seis músculos que mueven el globo ocular:

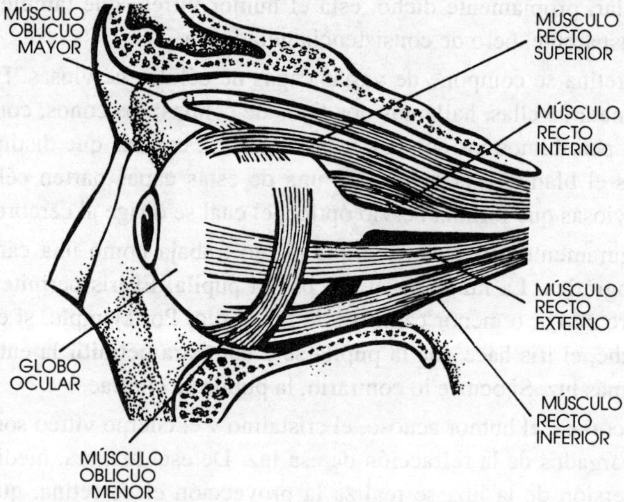

Estos músculos mantienen el ojo en su posición y nos permiten moverlo dentro de la cavidad ósea. Los cuatro músculos rectos (interno, externo, superior e inferior) son los encargados de mover el ojo hacia arriba o hacia abajo, hacia la izquierda o la derecha, es decir, en sentido horizontal y vertical. Los músculos oblicuos (mayor y menor) son los que permiten inclinar el ojo transversalmente.

Tanto el cristalino como los músculos externos están implicados en la acomodación del ojo. Normalmente, el cristalino está preparado para mirar al infinito. Pero si queremos leer, es necesario que se redondee para acercar las letras y poderlas ver.

Cuando cambiamos el enfoque, transcurre un brevísimo lapso antes de que podamos ver con claridad. Es el tiempo que necesita el cristalino para adaptarse a la nueva distancia.

Si no se produce ese enturbiamiento de la vista, es porque nuestro cristalino se ha endurecido, ha perdido flexibilidad. Esto es algo corriente en las personas de más de cuarenta años y recordará que en otro capítulo hablamos de la presbicia o *vista cansada.*

Durante la lectura, los músculos rectos y externos trabajan constantemente, en tanto que los músculos ciliares del cristalino están siempre contraídos para que podamos enfocar más de cerca. Esta es la causa del cansancio cuando leemos durante mucho tiempo. ¿Recuerda cuando le recomendamos que hiciera una pausa después de una hora de lectura?

2

LA VISIÓN PERIFÉRICA Y EL CAMPO VISUAL

Hagamos ahora una prueba. Fije su vista en un objeto que se encuentre a un metro de distancia. Usted lo verá nítidamente. Pero no será lo único que vea. Aunque no con tanta nitidez, también verá borrosamente todo lo que está alrededor. Su visión periférica abarca todo lo que sus ojos perciben.

Cada ojo tiene su propio campo visual, pero como se superponen parcialmente, usted obtiene una visión *panorámica* y en relieve. Las personas que tienen una visión deficiente o nula en un ojo no ven en relieve, sino que perciben el mundo como una imagen plana, no ven con perspectiva. Por esta razón, son proclives a tener accidentes —por ejemplo, al bajar una escalera— o les cuesta calcular las distancias entre un objeto u otro.

Ahora hagamos otra prueba con este texto. Concentre su vista en una sola palabra. ¿Es esa palabra la única que ve? Ciertamente es la que ve con mayor claridad, pero también ve las de la izquierda y las de la derecha, las de arriba y las de abajo.

3 CÓMO AMPLIAR EL CAMPO VISUAL

La clave de la lectura acelerada está fundamentalmente en la ampliación de su campo visual. Para ello, es necesario ejercitar la vista para que usted pueda abarcar la mayor cantidad de palabras posibles de una sola ojeada.

Los lectores lentos sólo abarcan dos o tres palabras; los rápidos son capaces de ver hasta cinco palabras en una sola fijación. Este término, fijación, significa el instante en que el ojo se detiene sobre un punto del texto.

Contra lo que opina una mayoría, la vista no se desliza uniformemente sobre el texto. No fluye como el agua, sino que avanza a saltos. Cuando el ojo se detiene, se produce una fijación y el lector ve cierto número de palabras.

Cuando usted aprendió a leer, las fijaciones se producían en cada sílaba. Por ejemplo:

Mi mamá me ama. Por eso me cuida mucho.

¡Imagínese el tiempo que se necesitaría para leer una novela de 300 páginas a este ritmo! Pero esta velocidad sólo es propia de los niños que aprenden a leer o de los semi-analfabetos. Cuando se tiene más habilidad para leer, se pasa al ritmo de una palabra por fijación:

Cincinatti es un importante puerto fluvial en el río Ohio.

Más adelante, el lector medio logra abarcar entre dos y tres palabras por fijación:

La esclavitud es un fenómeno característico de la antigüedad
y está presente en casi todas las civilizaciones, en las que los
esclavos constituyeron la principal aportación de mano de obra.

Pero tampoco esta velocidad es adecuada para las exigencias de la vida moderna. Para considerarse un buen lector, es necesario ver más de tres palabras en una sola fijación. Suponiendo que cada palabra tenga cinco letras, tendrá que percibir más de 15 signos en cada fijación para darse por satisfecho.

De lo anterior se deduce que la lectura veloz consiste en leer por grupos de palabras. Concluiremos que, entonces, se tiene que dividir el texto en pequeños grupos. En efecto, hay sistemas que recomiendan hacerlo al principio del aprendizaje de la lectura acelerada. Pero consideramos que no es conveniente por el mismo motivo que no debe utilizar el dedo o las máquinas de lectura. Hay otros ejercicios que darán mejor resultado.

EJERCICIOS

Los tres ejercicios que siguen tienen como finalidad enseñarle a leer por fijaciones cada vez más amplias.

1. *Con la práctica de la gimnasia ocular, sus ojos se acostumbrarán a saltar ágilmente de un punto a otro. Procure hacer los ejercicios cada vez con mayor rapidez.*

a)

Fije la vista en los puntos. Realice primero el ejercicio de izquierda a derecha en dirección descendente y, a continuación, de derecha a izquierda en dirección ascendente.

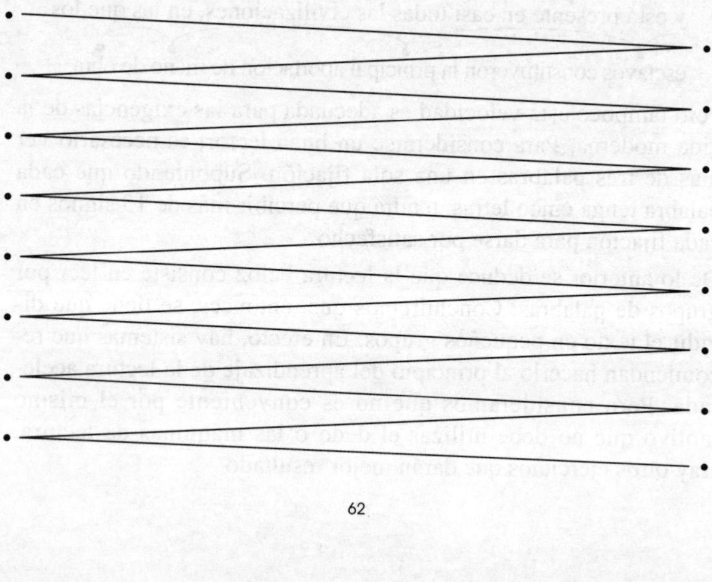

b)

Siga la línea en zig-zag. Primero en una dirección y después en la contraria.

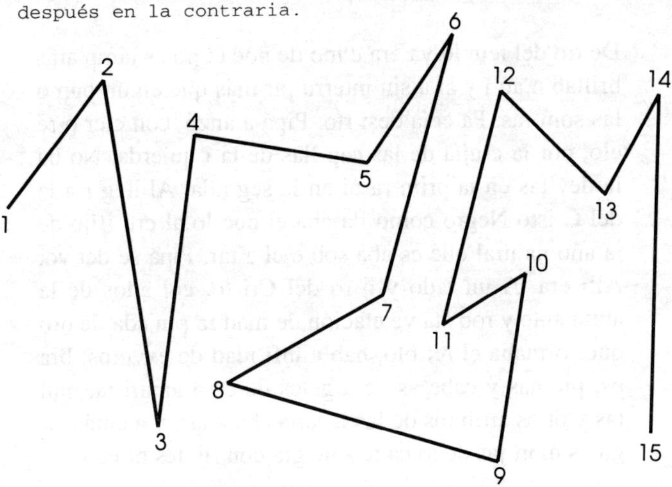

c)

Fije la vista en los puntos que aparecen en cada línea. Primero hágalo en sentido horizontal; a continuación, hágalo con cada columna en sentido vertical.

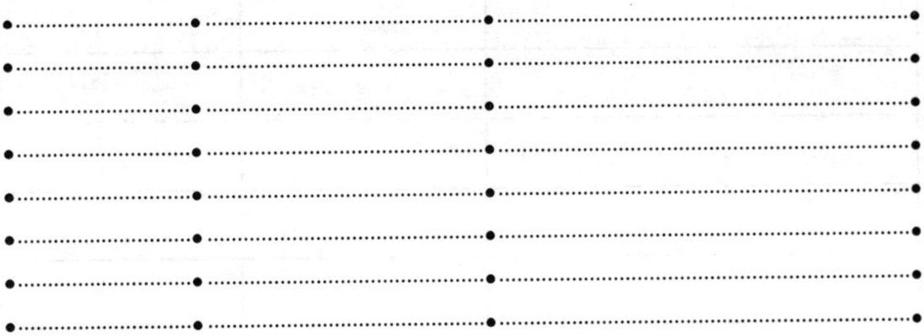

2. *Lea este párrafo compuesto por palabras a las que le faltan letras. Trate de hacerlo cada vez más rápido.*

De tro del tem lo ya era c mo de noc e: poc s lámp aras brillab n aq í y al á sin interru pir más que en un pun o las som ras. Pa ecía desi rto. Pipá a anzó, con cier o re elo, por la crujía de las cap llas de la i quierda. No ha ía dev tas en la prim ra ni en la seg nda. Al lleg r a la del C isto Negro como lla aba el pue lo al cru ifijo de ta año na ural que es aba sob e el a tar, Pipá se det vo. Allí era. A un lado y o ro del Cri to, col ados de la abun ante y rob sta ve etación de mad ra pin ada de oro que ormaba el ret blo, hab a infi idad de exvotos; bra os, pie nas y cabe as de á geles de ce a amari la, mul tas y ot os atrib tos de las lacerias hu anas, y a emás algu as mort jas de to ca te a ne gra con rib tes bl ncos.

FECHA	TIEMPO	PALABRAS P.M.

3. *Las palabras que forman las dos pirámides que aparecen a continuación no tienen sentido. Su propósito es conseguir que las fijaciones abarquen cada vez más palabras o signos. Lea en sentido vertical y horizontal.*

por él	le dio
lo que	más de
cenar en	lo gastaba
su tiempo	media libra
a la puerta	porque había
al punto de	tanta cordura
de esta corte	hacía la cama
plaza de paje	más riqueza que
sentarse a comer	incansable mujer
mediana estatura	aunque lo supiera
firme e invencible	fuerza de voluntad
no acaba de decidirse	poner una inyección
palabras de despedida	comentar los hechos
retrocedía aterrorizada	diez duros ahorrados
ordenaron la habitación	se desternilló de risa
el momento de la derrota	en mitad del corredor
toscamente amontonados	lo llevaron en volandas
profundamente emocionados	comentaron las incidencias

FECHA	TIEMPO

Realice los dos ejercicios siguientes procurando que sus ojos se muevan en sentido vertical por el centro del texto. De este modo, se ampliará paulatinamente su campo visual.

4. *Lea en sentido vertical esta columna de palabras. Observe que está ordenada por la cantidad de letras que forman los vocablos.*

a
y
té
un
paz
mar
ropa
tanto
cama
mosto
salida
oleico
rabieta
designa
rectitud
industria
vitamina
ordinario
recurrente
tiralevitas
corrección
servilletero
diagnóstico
astronáutica
biosociología
circunstancial
termoeléctrico
deslizamiento
descontentadizo
arterioesclerosis
correspondencia
impenetrabilidad
interdisciplinario
emborrachacabras
multidependencias
extraparlamentario

5. *Lea el siguiente párrafo, que aparece en forma de pirámide, aplicando la técnica de la lectura por el centro del texto en sentido vertical.*

L l e -
g a n d o
desde La Al-
berca, la sensa-
ción de estar pedido
es el primer impacto
que recibe el viajero tras
descubrir Las Batuecas desde
el Portillo. El paisaje ofrece de
improviso la imagen de las rocas
desnudas entre la tupida vegetación au-
tóctona. La asimetría del Sistema Central
origina este abrupto valle de rocas silíceas, con
abundancia de fósiles, puerta natural del laberinto
de montañas que conforma la comarca cacereña de
Las Hurdes. En el fondo del valle, "buscando la paz y el
sosiego para sus oraciones", los carmelitas alzaron en 1600
el convento del Santo Desierto de Las Batuecas y 16 ermitas
más, hoy semiderruidas. Protegido por los roquedos, en varios
abrigos y cuevas naturales, se ha conservado hasta nuestros días un
interesante conjunto de pinturas rupestres esquemáticas, realizadas en la
edad del bronce. Para visitar las pinturas hay que internarse en el valle por el
camino que discurre entre la orilla del arroyo Batuecas y la valla del monasterio.

FECHA	TIEMPO	PALABRAS P.M.

• V •

LA CONCENTRACIÓN Y LA MEMORIA

1

¿CÓMO SE LOGRA UNA BUENA CONCENTRACIÓN?

Para que la lectura fluya rápidamente y podamos comprender lo leído, es necesario un máximo de concentración. En cualquier circunstancia, es condición esencial habituarse a fijar la atención. De nada sirve recorrer con los ojos las líneas impresas, si la atención permanece difusa, si no existe concentración en la lectura del texto que se está leyendo.

Es probable que alguna vez haya advertido con sorpresa que, después de leer varias líneas, no ha retenido concepto alguno. Esto ocurre, por lo general, cuando alguna preocupación especial nos agobia y la mente se encuentra, por llamarlo así, *en otro lugar*. Pero también puede suceder que su mente divague hacia cosas intrascendentes, banales, mientras usted está leyendo, como por ejemplo, que su novia no le ha llamado; qué se va a poner esta noche para la fiesta; dónde irá este fin de semana, etc. Esto es índice de su falta de concentración. Muchas personas están preocupadas por su insuficiente concentración y por la dificultad añadida que entraña leer con velocidad.

Debemos evitar durante la lectura que las preocupaciones, y también las cosas intrascendentes o banales, penetren de modo subconsciente en el proceso mental de la lectura. Si el principio clave de la concentración reside en orientar su atención hacia el objeto de lectura, las distracciones externas o internas no han de ser motivo de preocupación en sus esfuerzos para mejorar su capacidad de concentración.

Si, pongamos un ejemplo, usted está leyendo un interesante artículo periodístico que se refiere a la salida de la Libra Esterlina del Sistema Monetario Europeo y su mente se desvía hacia otros derroteros —como pudieran ser las dificultades que entraña este hecho para el viaje a Gran Bretaña que tenía previsto con su esposa— en lugar de hacerlo hacia el objetivo fijado, —que pudiera ser su estudio para mejorar la capacidad exportadora de su empresa—, es mejor dejarlo, pues estará perdiendo el tiempo.

Al estar la mente ocupada sólo de modo parcial con la lectura del artículo, es seguro que habrá de terminar sin entender un ápice de lo leído. Por eso, si se decide a acometer una lectura semejante, que con toda seguridad no ha de ser sencilla, es necesario que actúe con disciplina, concentrándose sólo en lo que está leyendo, sin dejar que su mente *vaya a su aire.*

Como ya hemos señalado anteriormente, la velocidad de lectura influye también en su concentración y, por ende, en su capacidad de memoria. Si sabemos que la base de la memoria es la asimilación, esto es, la retención y fijación en el cerebro de lo leído, para lograr esto es necesario leer de forma ordenada y aumentar la velocidad de lectura con la práctica diaria. No se aprende a leer con velocidad de la noche a la mañana, ni se trata de pasar páginas velozmente, cogiendo conceptos aislados de aquí y de allá, sino de comprender globalmente el texto leído, aplicando las técnicas de lectura rápida, pero asimilando lo que se está leyendo.

2

SUGERENCIAS PARA AUMENTAR SU CAPACIDAD DE CONCENTRACIÓN

La capacidad de concentración se incrementa con el aprendizaje de las nuevas técnicas de velocidad y comprensión, pero también teniendo en cuenta otros aspectos que mejoran la capacidad de la mente para centrarse plenamente en lo que desea. Cuando su mente divaga, cuando existe una dispersión en sus pensamientos, es seguro que está motivado por distracciones tanto de carácter externo como interno. Usted puede evitar los factores externos o internos que le impiden concentrarse, o reducir su incidencia, siguiendo estas sencillas sugerencias:

EVITE LAS DISTRACCIONES EXTERNAS

- Para leer de manera concentrada, es necesario programar por anticipado el tiempo de lectura. Siéntese a leer de forma decidida sin que nada ni nadie perturbe su concentración. Esta actitud volitiva hacia el tema que va a leer hará que su mente comience a pensar en él antes de que usted se decida a iniciar su lectura. Fíjese el objetivo, por ejemplo, de pensar en su concentración una hora antes del tiempo programado para la lectura.
- La concentración también depende de la forma en que usted controle los factores disuasorios externos que realmente le impiden estudiar. Si bien es cierto que no existe un lugar ideal para el estudio, sí puede procurarse un ambiente agradable y cómodo que le ayude a concentrarse. Pero también debe ser consciente

de que si no desea leer, será mayor su predisposición a las distracciones externas.

La falta de interés en la lectura puede ser un factor clave que contribuya a la dispersión de su mente. Y de nada vale decir que las distracciones externas *no le permiten* leer. No se engañe, y valore hasta qué punto es verdad que son realmente las distracciones las que no le dejan concentrarse en la lectura o, por el contrario, éstas son un pretexto porque no le apetece leer. Si usted consigue controlar estas distracciones del mundo exterior y tiene ganas de leer, pase entonces a la fase siguiente.

- Busque el lugar idóneo para el estudio. Quite de su vista todo aquello que pudiera dispersar su atención. Si están sobre la mesa de estudio, quite la fotografía de los niños o de la novia, retire todos los adornos u objetos que pudieran, en algún momento, impedirle la concentración en la lectura. Una mesa de estudio despejada, sin otra cosa que los textos que va a leer, bolígrafo y papel, le ayudará a centrarse más.
- Las interrupciones previsibles son otro factor a tener en cuenta. Por eso, procure que el lugar de lectura se halle lo más lejos posible del teléfono. También lejos de sus niños, si son pequeños. Y algo más: antes de comenzar a leer, prevea que todo el material de lectura esté al alcance de su mano. Así no tendrá que levantarse una y otra vez en busca del material que necesita y que ha olvidado poner junto a los demás libros.

Por eso, cuando hablábamos de programar su tiempo de estudio, nos referíamos asimismo a programar también todo el material que necesita, para que cuando se siente a leer, no se vea obligado diez minutos después a levantarse porque algo se le olvidó. Con ésto, lo único que logrará es perjudicar su concentración.

- Existe también otra clase de distracción que debe evitar: la sonora. Aun cuando el silencio absoluto es para algunas personas la forma ideal del estudio, esto es imposible en la práctica, puesto que el silencio absoluto existe sólo en lugares muy alejados de la civilización. La estridencia imprevista, como, por ejemplo, la sirena de una ambulancia o de un coche de bomberos, los lamentos de alguien que se queja, los gritos de personas que discuten o cualquier ruido inesperado cerca del lugar que usted ha elegido para la lectura, puede perturbar su capacidad de concentración. Por eso, ha de procurarse un ambiente sonoro *neutro,* es decir, aquel donde exista algún tipo de sonoridad suave, como enmascarada. Por ejemplo, el ruido apenas audible de una fuente o una música suave, sin estridencias, como pudiera ser la música de Vangelis, etc.

- Pero su concentración no depende únicamente del mundo externo, también es una actitud interior, volitiva. Hay que querer concentrarse. Si bien es cierto que un lugar agradable y cómodo y un ambiente relativamente silencioso son buenos auxiliares para la concentración, no deja de ser menos cierto que algunas personas logran concentrarse en lugares públicos y ruidosos, como pudiera ser la terraza de un café. E incluso podríamos recomendarlo como un ejercicio apropiado para aumentar su capacidad de concentración y comprensión. Muchos escritores escribieron sus mejores obras en medio del bullicio de un café.

  Si logra leer y comprender bien lo que lee en un lugar bullicioso, por ejemplo, la mencionada terraza de un café, viajando en Metro, sentado en el vestíbulo de un hotel o en la sala de espera de una estación de trenes o de un aeropuerto. Si en circunstancias tan adversas logra abstraerse del mundo exterior y concentrarse en la lectura, hacerlo en un ambiente tranquilo y relajado le será entonces fácil.

- Encontrar también el momento adecuado para la lectura no es tarea fácil, pues en el transcurso del día su mente está ocupada con otras cosas que pueden distraerle. Hay quien encuentra el momento ideal de concentración en la madrugada, cuando el silencio es más acentuado. Otros necesitan un buen desayuno y una buena taza de café para activar sus neuronas. También los hay que descubren que su momendo ideal se encuentra hacia media tarde.

  En los próximos días trate de descubrir de manera consciente cuál es su momento de óptima concentración. No siempre existe la posibilidad de poder elegir los momentos de lectura acompañados de una buena concentración, pero si le es verdaderamente posible elegir su tiempo de lectura, percibirá de forma consciente cuándo su capacidad de concentración se encuentra en su cenit. Su mente llegará así a adquirir el hábito de concentrarse precisamente en el momento del día elegido por usted. En el momento que usted sea consciente de ello, procure sistematizar su tiempo de lectura.

... Y TAMBIÉN LAS INTERNAS

- Para evitar las distracciones internas recomendamos seguir la máxima de «no dejes para mañana lo que puedas hacer hoy». Esto significa no dejar las cosas para *más tarde,* sino hacerlas *ahora mismo.*

  Su capacidad de concentración se resentirá si deja para más adelante tareas que usted sabe muy bien que tiene que realizar en ese preciso momento. La inquietud y un sentimiento, muchas veces inconsciente, de culpabilidad son el producto de dar largas a los asuntos que deben acometerse. Si usted sabe que debe leer un artículo periodístico esencial para su trabajo, no lo demore. Verse embargado por estos sentimientos, puede afectar negativamente su concentración y su memoria.

En general, y hay estudios que lo corroboran, parece que el ser humano trabaja mejor cuando está sometido a cierta presión, cuando el tiempo se le hace corto. Parece ser que ésto influye en sus neuronas. Pero si la presión para memorizar el material escrito es excesiva, la concentración se resiente y la atención se desplaza a un estado de inquietud, de sentimiento de culpa y de presión, en lugar de hacerlo hacia el estudio.

- Nadie puede librarse hoy día del estrés cotidiano del trabajo, de la casa, del estudio. Esto provoca incertidumbres e inquietudes en nuestras vidas, que perjudican nuestra capacidad de concentración. Si usted nota que está atravesando un período de estrés muy intenso, no trate de centrarse en el material que debe leer, salvo que ésto sea imprescindible.

  De ser así, procure relajarse por unas horas y cuando note que su mente ha descansado lo suficiente, retome el material que estaba leyendo. Si a pesar de todo no logra concentrarse, trate de solucionar primero los problemas más inmediatos que están en el origen de su excesiva tensión y deje a un lado la lectura del texto. La otra posibilidad sería apartarlo de la mesa durante unas horas, olvidándose de él, pero comprometiéndose a volver a cogerlo cuando haya terminado con aquello que le preocupaba.

- La ausencia de autodisciplina puede ser también un factor interno de distracción muy importante. La autodisciplina no sólo es fundamental para el aprendizaje de las técnicas de lectura rápida, también lo es para alcanzar una mejor nivel de concentración.

Esta puede mejorar notablemente si existe un verdadero deseo de aprender las técnicas de lectura necesarias, así como de realizar los ejercicios apropiados. El genial actor francés Jean-Louis Barrault sostenía que el arte del actor estaba compuesto de un «diez por ciento de inspiración y de un noventa por ciento de transpiración». La *transpiración* no es otra cosa que la autodisciplina. La decisión voluntaria de someterse día a día al esfuerzo del trabajo, a la aplicación sistemática de la lectura. En síntesis, la voluntad de evitar toda distracción interna que perjudique su labor.

- Tampoco logrará concentrase si mantiene una actitud negativa hacia la lectura. Es probable que el informe que debe leer no sea de su agrado y que, incluso, sus opiniones no coincidan con las del autor o, simplemente, le importen un ápice.

  Esta forma de afrontar la lectura es, en esencia, negativa e irá en detrimento de su capacidad de asimilación. Aunque esta situación pudiera afectar su consciencia, debe convencerse de que el trabajo ha de realizarse y que sólo usted puede llevarlo a buen fin. Es probable que se sienta impulsado a hacerlo, pero si se convence de su necesidad, sentirá una gran felicidad cuando lo haya concluido. También puede ayudarle a salvar esta actitud negativa hacia la lectura el hablar con otra persona que se entusiasme por el tema. No olvide el axioma de que el entusiasmo es contagioso. Puede ser que, conversando con un amigo, éste se entusiasme tanto por el tema que usted se sienta arrastrado por su interés y esto le lleve a cambiar de actitud ante el material que necesita leer.

- También la distracción interna puede estar provocada por la fatiga mental que afecta directamente la capacidad de concentración. Quien piense que la mejor forma de superar la fatiga mental es forzando la mente a trabajar más intensamente se equivoca. Esta forma de razonar es totalmente ilógica carece de sentido y no resulta práctica. Así como la mente se abre a lo nuevo, también se *bloquea* cuando está fatigada.

La mejor manera de superar esta situación consiste en leer de forma concentrada durante cuarenta y cinco minutos y luego hacer una pausa de quince. Durante este tiempo de descanso, su cerebro se relajará y le permitirá abordar otro tema sin agobio ni angustia. Tambien puede evitar la fatiga psíquica mediante la variación en los tipos de información que debe asimilar. Los cambios de ritmo y el paso de una información más sencilla a otra más compleja potencian la capacidad de concentración.

- Ya hemos visto de qué medios debe valerse para lograr una buena concentración. Pero no se trata solamente de eso: se trata de que esta concentración perdure. Como cualquier otra aptitud, una concentración eficaz y perdurable puede perfeccionarse con la práctica. Algunos ejercicios que le indicamos en este capítulo le ayudarán a evitar un estado de dispersión mental, así como a mejorar la calidad de concentración en la lectura. La práctica cotidiana de estos ejercicios durante una semana le permitirá ir ampliando el tiempo necesario de concentración que se ha de exigir a usted mismo. Verá que al cabo de un tiempo podrá centrar toda su atención en el tema de lectura seleccionado durante el tiempo que quiera. Y lo más importante, sin ninguna ansiedad.

●●●●::::●●●● 3

¿CÓMO SE LOGRA UNA BUENA MEMORIA?

Hemos visto en la primera parte de este capítulo la importancia que tiene la concentración para la lectura. Pero cuando usted se concentra en lo que está leyendo, no lo hace por deporte, sino que lo hace porque le interesa recordar más tarde lo que ha leído. Por supuesto que no hay memoria donde no haya habido concentración. Si se ha leído superficialmente, nada relevante permanecerá en nuestra memoria. Su eficacia exige un sistema lógico y metódico de registro y almacenamiento de información. La tarea consiste ahora en recuperar esta información almacenada en el momento y en la forma en que usted lo desee, es decir, el instante en que el cerebro recibe la orden de dejar salir esta información acumulada.

La memoria es un proceso de gran complejidad sobre el cual no existe, ni siquiera entre los estudiosos de este prodigio, una comprensión cabal. Aunque contamos con varias definiciones de la memoria — a veces, estas se superponen— para los fines de este libro, la que más nos convence es la que sostiene que la memoria es *la función o capacidad de retener en estado latente las experiencias sensomotrices o puramente psicológicas, así como de reproducirlas en forma de imagen mental o recuerdo en un momento posterior. Es, además, la experiencia o conjunto de experiencias anteriormente adquiridas y así reproducidas.* Esto significa que lo percibido y retenido en la memoria se encuentra en algún rincón de su cerebro en estado latente, y que se manifestará exteriormente cuando haga funcionar el mecanismo del recuerdo o de la evocación, esto es, cuando usted lo requiera y lo necesite.

Como ya hemos dicho, la concentración ayuda a la comprensión de lo que estamos leyendo, pero esto no significa que nuestra memoria vaya a la par. Puede muy bien comprender el material que está leyendo y, sin embargo, tener una memoria deficiente. Comprender significa asimilar el material leído. Pero recordar significa que lo leído ha sido asimilado y registrado en la mente. Se trata, como vemos, de dos facultades diferentes, pero que pueden armonizarse muy bien.

Si está habituado a ejercitar su memoria, el flujo de información que puede almacenar será mayor y más significativo. Esto hace más interesante el abordar la lectura. Lo importante es organizar las técnicas de lectura y recuerdo de modo que le permitan un máximo de comprensión, sin que por ello se resienta su capacidad de memoria. Naturalmente que toda memoria exige asumir previamente un aprendizaje. No existe recuerdo en tanto no se haya aprendido algo con anterioridad. De este modo, la memoria tiene una doble significación; por una parte, el poder de recordar y, por otra, la capacidad de almacenar aquello que se ha aprendido.

La memoria comprende tres facultades: en primer lugar, la de aprender; en segundo, la de retener y, en último término, la de recordar. En la única sobre la que podemos influir directamente es la primera, es decir, en el proceso de aprendizaje o registro de la información. En lo que se refiere a las otras dos actividades, la retención de lo aprendido y su recuerdo o rememorización de modo voluntario, no están sujetas al control directo de nuestra voluntad. Sólo podemos influir en en el correcto funcionamiento de estas facultades de manera indirecta. Es decir, en dependencia del estado fisiológico de nuestro organismo.

Para cumplir con la finalidad de este libro, nos concentraremos en el estudio de los condicionantes que ayudan a mejorar nuestra capacidad de aprendizaje, que es el único elemento conocido hasta hoy día capaz de influir en el funcionamiento óptimo de la memoria.

Los factores básicos de un buen aprendizaje y una retención firme de las informaciones percibidas por nuestro intelecto son: la intensidad de la impresión de las ideas que se desean recordar, la asociación adecuada de unas ideas con otras y la oportuna repetición de lo aprendido.

LA INTENSIDAD DE LA IMPRESIÓN

Si deseamos que una cosa no se borre de nuestra mente, si queremos recordarla bien, debemos saber que sólo permanecen aquellas cosas que nuestro cerebro ha registrado con fuerza y nitidez. Resulta práctiamente imposible volver a evocar plenamente las impresiones fugaces o borrosas. Es probable que aparezcan destellos de las ideas u objetos en nuestro recuerdo, pero no la plenitud de ellos.

Para que nuestras impresiones sean verdaderamente fuertes, debemos estar en buenas condiciones físicas. Cuando nos hallamos en buen estado físico y psíquico, nuestra capacidad de retención es más intensa. Pero, por el contrario, si estamos agotados física y psíquicamente, es mejor posponer la lectura de lo que tenemos que memorizar. Otro factor esencial es la atención. Sin ella, las impresiones son débiles. Si la lectura no se hace con atención, si nuestra concentración es difusa, no habrá impresión clara y vigorosa de las ideas impresas en los libros que estamos leyendo. El vigor y la intensidad de las impresiones dependen exclusivamente de la capacidad de atención.

La atención lleva implícito un deseo claro de aprender, de procurar que aquello que hemos leído permanezca grabado para siempre en nuestra mente. El problema reside en que, a veces, no es fácil concentrarse en lo que estamos leyendo.

Por supuesto que la atención puede reforzarse con una actitud volitiva. Podemos obligarnos, por un acto de voluntad, a fijar nuestra atención en la lectura, no permitiendo que nuestra mente se disperse hacia cosas y hechos ajenos a lo que leemos. No hay duda de que la fuerza de voluntad desempeña un papel importante en el aprendizaje y constituye una gran ayuda.

Pero la voluntad no es el único estímulo para provocar nuestra atención y concentración en lo que estamos haciendo. La atención se resentiría si sólo dependiera de la voluntad. A ésta hay que añadir dos estímulos naturales que son, en primer lugar, el interés y, en segundo lugar, un objetivo determinado.

El interés es un estímulo tan valioso que, cuando se produce la atención, surge de forma espontánea. El interés es un principio básico de la atención. Si el interés es real, la lectura fluirá rápida y espontánea. Nuestra mente estará abierta y asimismo nuestra comprensión. Si al interés, en tanto fuerza movilizadora, le añadimos la voluntad, es decir, el deseo expreso de aprender y retener lo leído, aseguraremos de este modo una memorización óptima.

El tercer factor que debemos añadir a los ya mencionados es el del objetivo determinado. Sin este estímulo, que define el propósito de la lectura, la atención perderá vigor. Los motivos pueden ser numerosos, desde las exigencias de la superación profesional, el deseo de ponerse al día en determinados conocimientos necesarios para su desarrollo intelectual, hasta el de formarse una opinión sobre un tema dado o para tomar decisiones, que pudieran afectar a la evolución de su empresa, etc.

Además de la atención, del interés y del deseo voluntario de aprender, es necesario también tener un objetivo definido, pues esto estimulará nuestra atención hacia lo que puede contribuir a lograr lo que buscamos. A veces, sucede que el interés personal se asocia al objetivo perseguido. En este caso, las motivaciones de la atención serán muy intensas y será más fácil lograr la concentración.

LA ASOCIACIÓN DE IDEAS

La adecuada asociación de ideas es una condición indispensable para que la memoria sea eficaz. Este es un factor determinante de la actividad intelectual en cuanto a lograr una buena retención. La asociación correcta de las ideas, esto es, el vincular dentro del cerebro los hechos de conformidad con sus asociaciones reales y con la forma en que mutuamente se complementan e ilustran, es uno de los factores esenciales que ayudan a mejorar la memoria. Para poder generar este tipo de asociación de ideas, es necesario que la lectura se haga de forma inteligente.

Esto significa que la comprensión del material que está leyendo ha de ser lo mejor posible. Debe saber separar lo accesorio de la esencial: extraer del libro las ideas principales y ver como se relacionan entre sí, constituyendo una unidad superior. Y, por último, debe saber asociar todos estos aspectos con los conocimientos previamente adquiridos.

La mente humana tiende a olvidar los datos inconexos y las frases sin sentido o poco claras. De ahí que sea importante comprender plenamente lo que queremos retener en la memoria, de forma lógica y coherente. Cuando el fin de la lectura es memorizar lo que estamos leyendo, cuantos más datos poseamos, tanto menor será el esfuerzo que se haga para establecer las probables relaciones que los vinculan entre sí. Esta será la forma más apropiada para que su retención en la memoria sea no sólo factible, sino además fiel.

LA REPETICIÓN

Esta es una condición básica para una correcta memorización. Cualquier estudiante conoce la importancia de los repasos. Pero no basta con repasar, sino que también es importante la forma y el tiempo en que se realiza. En este sentido, la lectura rápida puede convertirse en un instrumento muy útil para todas las personas que tienen que memorizar mucho en poco tiempo, como es el caso de los estudiantes.

Veamos cómo se aplicaría la lectura veloz al proceso de memorización, que tanto depende de la repetición. En aras de una mayor claridad que nos permita determinar la manera más apropiada de repasar, es bueno conocer los resultados de ciertos experimentos hechos por los psicólogos sobre el modo en que se produce el olvido.

El proceso del olvido es casi paralelo a la lectura. Después de leer un libro cualquiera, el proceso del olvido comienza muy rápidamente. Ya durante la lectura se va desarrollando el olvido y, después de unos días, incluso de unas horas, una parte importante de lo que ha leído se borra, cae en el olvido. En la medida en que penetramos en la lectura, este proceso se ralentiza y el porcentaje de lo que se ha olvidado varía según los individuos y las dificultades del texto.

Pero lo que sí se sabe es que la mayor parte del olvido tiene lugar casi de forma inmediata a la conclusión de la lectura. Estudios recientes revelaron que, al concluir la lectura de un pasaje en prosa de un libro, una persona apenas recuerda el 50 %; al otro día, sólo el 30 %, y después de varias semanas, apenas un 10 %.

Sin embargo, los resultados de un repaso inmediato son sensacionales. Especialmente cuando durante la lectura no se asume un actitud pasiva ante el texto, sino que se relee participando activamente en ella y procurando recordar lo máximo posible, de forma inmediata, y sólo recurriendo al texto cuando existan lagunas.

Esto puede comprobarse en el resultado alcanzado en dos grupos sometidos a una investigación de desarrollo de la memoria. Al concluir la lectura de un pasaje en prosa, uno de los grupos ralizó tres repasos sucesivos de lo leído, en tanto que el otro no efectuó ninguno. Tres semanas más tarde, el primer grupo conservaba en su memoria casi el ochenta por ciento de lo leído, mientras que el otro grupo a duras penas recordaba el quince.

En el aprendizaje, la repetición juega un papel de primer orden, sobre todo cuando esta se realiza de manera inmediatamente posterior a la lectura de información general del texto. Una vez asimilada la estructura general y las ideas más relevantes de un texto informativo o de un libro, su lectura pormenorizada se convierte, en cierta manera, en un primer proceso repetitivo de naturaleza positiva.

Cuando leemos, cada cierto tiempo conviene realizar breves pausas para volver a realizar una lectura rápida de lo que se ha leído durante el período anterior. Si bien es cierto que la lectura va siempre acompañada de un proceso inmediato de olvido, pues lo que estamos leyendo en ese momento ha desplazado a lo anterior, estas pausas nos ayudarán a memorizar con carácter más perdurable.

No obstante, hay que aclarar que estas repeticiones nada tienen que ver con las regresiones de que hablamos en capítulos anteriores. Se trata de repeticiones de textos completos, no de palabras u oraciones. Son lecturas sucesivas a gran velocidad, que tienen como fin la memorización aprovechándonos de la técnica que estamos aprendiendo en este libro.

Pero continuemos con nuestra explicación. Ya sabemos que el olvido no es absoluto, sino de carácter momentáneo. Al volver a leer varios párrafos o capítulos que puedan constituir una unidad en el proceso del pensamiento, esto se afirma en nuestra memoria con bastante solidez. De hecho, al terminar de leer el texto, nos daremos cuenta de hasta qué punto ya, con la primera lectura rápida, hemos dado un primer repaso al libro. De pronto comprenderemos que el todo aparece con luz propia. Es como si página a página hubiéramos almacenado todo un texto y apareciera en nuestra mente la idea general del libro.

Por decirlo de alguna manera, es como un ordenador. Al término de una página, desaparece el texto de la pantalla y aparece la página siguiente y así sucesivamente. Todas las páginas han desaparecido de la pantalla y, sin embargo, están ahí. En el momento en que las necesitemos aparecerán conforme a nuestra voluntad. En la medida en que ejercitemos más y más la repetición, veremos cómo penetra en nuestra mente el texto que estamos leyendo y de qué manera queda retenido en nuestra memoria durante mucho tiempo.

La ventaja de aplicar la lectura rápida al estudio y la memorización consiste, fundamentalmente, en que podemos realizar la etapa de la repetición en un plazo de tiempo mucho más breve que el acostumbrado. Así vemos cómo este método de lectura veloz puede insertarse perfectamente en el estudio.

EJERCICIOS

CONCENTRACIÓN

Dedique cada día un tiempo determinado a los ejercicios de concentración. Para comenzar, le recomendamos que dedique sólo media hora, tiempo que ira ampliando en la medida en que le sea más fácil concentrarse. Oblíguese a leer aunque usted no tenga mucha disposición para ello. Elija primero lecturas fáciles y amenas; después, aumente el grado de dificultad.

a)

Lea durante media hora en las condiciones óptimas que se recomiendan en este libro. Procure que la lectura sea de su agrado.

b)

Elija una lectura agradable, pero esta vez realícela en un lugar al aire libre, aunque tranquilo. Por ejemplo, un jardín privado, un bosque, etc.

c)

Realice una lectura que no le agrade en condiciones óptimas.

d)

Intente leer en un lugar público, no excesivamente ruidoso.

e)

Busque un material de lectura extremadamente difícil. Léalo en condiciones óptimas.

f)

Lea algo que le interese mucho en un lugar muy ruidoso e intranquilo.

Como ve, estos ejercicios de concentración tienen múltiples variantes. De lo que se trata es de que usted sea capaz de leer, comprender y retener en cualquier circunstancia. Establezca una competencia con usted mismo.

MEMORIZACIÓN

Los siguientes ejercicios se dividen en varios grupos: en uno de ellos, hay que memorizar perfectamente las palabras aisladas o los textos; en el otro, se procurará memorizar los datos más importantes; otros están dedicados a perfeccionar la capacidad de recuerdo. Además de los ejercicios que ofrecemos, confeccione usted otros similares.

1. *¿Cuánto sabe de memoria? Diga en voz alta lo que sepa y anímese a memorizar más.*

Nº de poesías: ....

Nº de canciones: ....

Nº de teléfono de familiares, amigos, etc.: ....

2. *Apréndase de memoria nombres geográficos. Por ejemplo, las veinte ciudades más populosas de España; los países de América y sus capitales; los principales ríos de Francia y sus kilómetros de longitud, etc.*

3. *Tiene un minuto para aprenderse cada columna de números. Después, tápelos con una cartulina y escríbalos en hoja aparte. ¿Cuántos ha acertado?*

829	4820	17402	652810	2461785
562	6712	07495	135792	9753102
481	9035	63107	246801	3579140
390	2681	68032	738297	2468016
751	4443	29158	280318	4960207

4. *Memorice grupos de nombres concretos. Comience por diez y reduzca con cada ejercicio el tiempo que necesita para memorizarlos. Por ejemplo, en treinta segundos:*

ropa, túnel, caballo, hoja, foto, cartón, gafa, silla, zapato, autobús

5. *¿Qué hizo ayer? Relate lo más detalladamente posible todas sus acciones en orden cronológico.*

6. *Relate en orden cronológico inverso, es decir, desde la noche a la mañana, todo lo que hizo durante el último domingo.*

7. *Ponga a prueba su memoria. ¿Qué sucedió en estas fechas?*

a) Su último cumpleaños

....

....

b) El día de Navidad pasado

....

....

c) El 31 de diciembre pasado

....

....

d) Las últimas vacaciones

....

....

e) Un hecho importante de su infancia

....

....

8. *Apréndase grupos de palabras con determinada característica. Por ejemplo, diez palabras que comiencen por la sílaba* ba-. *Aumente paulatinamente la cantidad de palabras y la dificultad.*

9. *Describa una por una todas las habitaciones de su casa. Procure incluir nuevos detalles cada vez que realice el ejercicio.*

10. *Describa personas que conoce. Intente perfeccionar paulatinamente su descripción.*

• VI •

PARA NO DORMIRSE EN LOS LAURELES

Ya tiene usted un método para aprender a leer más rápido y mejor. Ahora tiene que demostrar su perseverancia. No le será difícil, porque los buenos resultados le estimularán a seguir adelante.

EJERCICIOS DE VELOCIDAD

Para realizar estos ejercicios, necesitará un cronómetro y un lápiz. Proceda como sigue:

- Registre la hora de comienzo de la lectura.
- Realice la lectura silenciosa.
- Registre la hora de finalización de la lectura.
- Complete la tabla de seguimiento.

EJERCICIOS DE COMPRENSIÓN

Una vez que ha terminado la parte dedicada a la velocidad, comprobará su grado de comprensión. Esto se logra de dos modos: por medio de preguntas o redactando resúmenes de lectura. En cada prueba, le sugerimos algunas preguntas que puede responder. Usted puede añadir otras en la medida en que desee comprobar hasta qué punto es capaz de retener y memorizar detalles.

Los resúmenes le permitirán conocer no sólo su capacidad de comprensión y memorización, sino también la facilidad que tiene para la reproducción verbal y la síntesis.

Los comienzos de la literatura persa se remontan al siglo VI a.C.,

PRUEBA Nº 1

432 palabras aprox.

HORA DE COMIENZO

con la figura de Zoroastro (o Zaratustra), sobre cuya existencia histórica se abrigan serias dudas. Se le reputa como autor de la parte más antigua del *Zend-Avesta,* libro sagrado de la religión mazdeísta fundada por el propio Zoroastro.

Transcurrirán quince siglos antes de que la belicista historia persa registre el nombre de un poeta importante: Rudagi, muerto hacia el año 954 y considerado el primer poeta clásico de Persia a pesar de lo poco de su obra que ha llegado a nosotros.

La obra lírica de Abul-Kassim-Mansur, a quien llamaban Firdusi *(El divino),* es mejor conocida, por haberse conservado casi completa. Este poeta, nacido hacia el año 935, consagró 35 años de su vida a escribir los más de 60.000 dísticos con que terminó de dar forma de poema al *Libro de los reyes,* tarea que había sido comenzada por el poeta Daquiqui y cuyo resultado es la obra conocida como *Shah Nameh.* El texto incluye los más populares cuentos, leyendas y gestas heroicas del país, y las hazañas de su héroe Rustem (o Rustán), llamado por algunos autores el Hércules persa, son narradas con tal grandiosidad que la obra ha podido ser comparada con *La Ilíada.*

Entre los siglos X y XI vive el poeta Abu Said, de la secta sufí, autor de versos delicados y de noble belleza. Digno de mención es también otro poeta místico. Sanai, autor del poema *El Jardín de la verdad* y muerto hacia el año 1150.

Omar Khayyam, figura enigmática y controvertida, es el autor del famoso *Rubaiyat,* la obra de la literatura persa más leída y admirada en Occidente. Astrónomo, matemático y poeta, Khayyam muere hacia el año 1134. Considerado por algunos como ateo, libre pensador y entregado a los placeres mundanos, otros ven en él una especie de santo que se dedicó a la divulgación, en forma de alegorías inteligibles, de los misterios de la secta sufí. Ciertamente, una lectura de sus poemas nos revela que muchos de ellos sólo tienen sentido si aceptamos que el poeta habla alegóricamente, mientras no pocos de ellos nos enfrentan con un epicúreo en quien el elogio del vino y los placeres de la carne alternan con manifestaciones desdeñosas hacia el paraíso de Mahoma. Una de las más hermosas y certeras caracterizaciones del Rubaiyat se debe a Rubén Darío, quien escribió sobre el mismo: «Hay, en verdad, en el poema... una enervante y bella tristeza del vivir y una como destilación de rosas venenosas sobre la voz de las horas.»

HORA DE FINALIZACIÓN

FECHA	TIEMPO	PALABRAS P.M.

CUESTIONARIO

1. *¿A qué siglo se remontan los comienzos de la literatura persa?*

2. *¿Cuál es el libro sagrado de la religión mazdeísta?*

3. *¿Cómo se llamó el primer poeta clásico de Persia?*

4. *¿Cuál es el tema del* Libro de los reyes?

5. *¿Quién escribió* El Jardín de la verdad?

6. *¿Quién fue Omar Khayyam?*

7. *¿Qué poeta hispanoamericano comentó el* Rubaiyat?

PRUEBA Nº 2

HORA DE COMIENZO

Entremos en la catedral; flamante, blanca, acabada de hacer está. En un ángulo, junto a la capilla en que se venera la Virgen de la Quinta Angustia, se halla la puertecilla del campanario. Subamos a la torre; desde lo alto se divisa la ciudad toda y la campiña. Tenemos un maravilloso, mágico catalejo: descubriremos con él hasta los detalles más diminutos. Dirijámoslo hacia la lejanía: allá, por los confines del horizonte, sobre unos lomazos redondos, ha aparecido una manchita negra; se remueve, levanta una tenue polvareda, avanza un tropel de escuderos, lacayos y pajes es, que acompaña a un noble señor. El caballero marcha en el centro de su servidumbre, ondean al viento las plumas multicolores de su sombrero; brilla el puño de la espada; fulge sobre su pecho una firmeza de oro. Vienen todos a la ciudad; bajan ahora de las colinas y entran en la vega. Cruza la vega un río: sus aguas son rojizas y lentas; ya sesga en suaves meandros; ya se embarranca en hondas hoces. Crecen los árboles tupidos en el llano. La arboleda se ensancha y asciende por las alturas inmediatas. Una ancha vereda —parda entre la verdura— parte de la ciudad y sube por la empinada montaña de allá lejos. Esa vereda lleva los rebaños del pueblo, cuando declina el otoño, hacia las cálidas tierras de Extremadura. Ahora las mesetas vecinas, la llanada de la vega, los alcores que bordean el río están llenos de blancos carneros que sobre las pedrerías forman como grandes copos de nieve.

De la lana y el cuero vive la diminuta ciudad. En las márgenes del río hay un obraje de paños y unas tenerías. A la salida del pueblo

—por la Puerta Vieja— se desciende hasta el río; en esa cuesta están las tenerías. Entre las tenerías se ve una casita medio caída, medio arruinada; vive en ese chamizo una buena vieja —llamada Celestina— que todas las mañanas sale con un jarrillo desbocado y lo trae lleno de vino para la comida, y que luego va de casa en casa, en la ciudad, llevando agujas, gorgueras, garvines, ceñideros y otras bujerías para las mozas. En el pueblo, los oficiales de mano se agrupan en distintas callejuelas; aquí están los tundidores, perchadores, cardadores, arcadores, perailes; allá en la otra, los correcheros, guarnicioneros, boteros, chicarreros. Desde que quiebra el alba, la ciudad entra en animación; cantan los perailes los viejos romances de Blancaflor y del Cid —como cantan los cardadores de Segovia en la novela El domado hablador—; tunden los paños los tundidores; córtanle con sus sutiles tijeras el pelo los perchadores; cardan la blanca lana los cardadores; los chicarreros trazan y cosen zapatillas y chapines; embrean y trabajan las botas y cueros en que se ha de encerrar el vino y el aceite, los boteros. Ya se han despertado las monjas de la pequeña monjía que hay en el pueblo; ya tocan las campanitas cristalinas. Luego, cuando avance el día, estas monjas saldrán de su convento, devanearán por la ciudad, entrarán y saldrán en las casas de los hidalgos, pasarán y tornarán a pasar por las calles. Todos los oficiales trabajan en las puertas y en los zaguanes. Cuelga de la puerta de esta tiendecilla la imagen de un cordero; de la otra, una olla; de la de más allá, una estrella. Cada mercader tiene su distintivo. Las tiendas son pequeñas, angostas, lóbregas.

A los cantos de los perailes se mezclan en estas horas de la mañana las salmodias de un ciego rezador. Conocido es en la ciudad; la oración del Justo Juez, la de San Gregorio y otras muchas va diciendo por las casas con voz sonora y lastimera; secretos sabe para toda clase de dolores y trances mortales; un muchachuelo le conduce; la malicia y la inteligencia brillan en los ojos del mozuelo. En las tiendecillas se ven las caras finas de los judíos. Pasan por las callejas los frailes con sus estameñas blancas o pardas. La campana de la catedral lanza sus largas campanadas. Allá, en la orilla del río, unas mujeres lavan y carmenan la lana.

José Martínez Ruiz (*Azorín), Castilla*

HORA DE FINALIZACIÓN

FECHA	TIEMPO	PALABRAS P.M.

CUESTIONARIO

1. *¿Qué es lo primero que describe Azorín?*

....

....

2. *¿Qué se ve desde el campanario?*

....

....

3. *¿Quién viene hacia el pueblo?*

....

4. *¿De qué vive la ciudad?*

....

5. *¿Por dónde se sale de la ciudad?*

....

6. *¿Quién es Celestina?*

....

....

7. *¿Cuántos oficios están representados?*

....

....

8. *¿Qué personajes hay en las calles de la ciudad?*

....

....

9. *¿Cómo se sabe lo que hay en cada tienda?*

....

....

10. *¿Qué sucede en el río?*

....

PRUEBA Nº 3

579 palabras aprox.

HORA DE COMIENZO

Se habla de la Europa de las naciones, de las patrias, de las regiones, de los pueblos. Yo no quiero más Europa que la Europa de los jóvenes. De los jóvenes que olviden o respeten las diversidades y las contradicciones; las diferencias religiosas, que tanta sangre y dolor derramaron; las ambiciones de países que se sobrepusieron y pisotearon a otros; el surgimiento y la caída de imperios sucesivos, cuyas heridas aún no se han restañado. La Europa de los jóvenes que recojan la lección de que aquí todo lo sostuvo una idea en marcha: la idea dinámica, rectilínea y fecunda de una cultura que sobrevivió a los más aciagos avatares. La Europa de los jóvenes que han visitado los demás países, y en ellos y de ellos se han enamorado. Cualquier futuro común se edificará sobre el conocimiento y el amor. Más: ambos conceptos constituyen un cimiento solo, porque no se puede amar a la perfección sino lo que se conoce y no se puede conocer a la perfección sino lo que se ama.

Europa fue, para la gente de mi edad, una lejana tierra prometida, un sueño, un mito, un ideal movilizador. Ahora es algo al alcance de vuestra mano: concreto, tangible, recorrido y asimilado. No os cogen de sorpresa sus bosques y sus praderas, sus campos de flores y sus ruinas, sus altas torres y sus techumbres de pizarra, sus canales y sus sembrados. Cruzasteis sus ríos sobre esbeltos puentes; habéis entrelazado o estrechado vuestras manos con las de sus habitantes... Porque viajar no es sólo moverse; es, sobre todo, abrirse; no conozco otro gesto más libre y amistoso. Es una disposición a recibir lo nuevo y a aprenderlo; a meditar sobre el porqué y el cómo de lo que siempre creímos sin razonarlo, sólo porque era nuestro; una disposición a respetar la forma de ser y de estar y de opinar de los otros; a poner nuestra curiosidad como una espejo delante de las cosas. Viajar es sentir el influjo de otra cultura nunca enteramente distinta de la nuestra, pero no la nuestra, y apreciar sus matices a través de la vida y el trabajo en común. Viajar por Europa es sentirla como espacio vital compartido envuelto en la tolerancia y en la comprensión. Quizá ha perdido el encanto de lo inalcanzable que para nosotros tuvo, pero ha ganado para vosotros el calor de lo que integra y de lo que conforma.

Vosotros, por fortuna, os habéis olvidado un poco de esa cosa tan pesadita que se ha llamado *señas de identidad.* Cuando la identidad se presupone no preocupa su pérdida. Por descontado que no seremos nunca daneses ni alemanes; seremos nosotros mismos, más cuanto mejor compongamos un mosaico con cada uno de los otros. Un mosaico que a todos nos hará más perspicaces y más extensos y más condescendientes. A menudo lo he escrito: si todos fuésemos iguales, todos seríamos peores. Es la diversidad lo que nos engrandece. Estoy seguro de que lo sabéis. Por eso depende de vosotros que haya pronto una Europa más demócrata y más próxima a los ciudadanos, arrebatándosela a los fríos gestores de los números para instalarla en las cercanías del corazón. Porque vosotros, como sucedía cuando este continente fue una familia mejor o peor avenida, habéis reaprendido, viviéndolas, las culturas distintas. Las que, sobre la mesa de lo europeo, ofrecen la apasionante multiplicidad de las diversas Europas. Y, por eso mismo, todas serán vuestras. No aspiro a otra mejor.

Antonio Gala, *La joven Europa* (en *El País)*

HORA DE FINALIZACIÓN

FECHA	TIEMPO	PALABRAS P.M.

CUESTIONARIO

1. *¿Qué Europa desea el autor del artículo?*

....

....

....

2. *¿Qué deben olvidar o respetar los jóvenes?*

....

....

....

3. *¿Cómo debe ser la nueva Europa?*

....

....

....

4. *¿Cómo fue la Europa del autor?*

....

....

....

5. *Según el autor, ¿qué es viajar?*

....

....

....

6. *¿Por qué considera el autor que la diversidad nos engrandece?*

....

....

....

PRUEBA Nº 4

629 palabras aprox.

HORA DE COMIENZO

El juez llegó a poco a magistrado, a presidente de sala; y ya viejo, se jubiló. Viudo, y con hijos casados, quiso pasar sus últimos años en Rescoldo, donde estaba ya para él la poca poesía que le quedaba en la tierra.

Estuvo en la fonda algunos meses; pero cansado de la cocina pseudofrancesa, decidió poner casa, y empezó a visitar pisos que se alquilaban. En un tercero, pequeño, pero alegre y limpio, pintiparado para él, le recibió una solterona que dejaba el cuarto por caro y grande para ella. Celso no se fijó al principio en el rostro de la enlutada señora, que con la mayor amabilidad del mundo le iba enseñando las habitaciones.

Le gustó la casa, y quedaron en que se vería con el casero. Y al llegar a la puerta hasta donde le acompañó la dama, reparó en ella; la pareció flaquísima, un espíritu puro; el pelo le relucía como plata, muy pegado a las sienes.

—Parece una sardina —pensó Arteaga, al mismo tiempo que detrás de él se cerraba la puerta.

Y como si el golpe del portazo le hubiera despertado los recuerdos, don Celso exclamó:

—¡Caramba! ¡Pues si es aquella!... ¡aquella del entierro!... ¿Me habrá conocido?... Cecilia... el apellido era... catalán... creo... sí, Cecilia Prast... o cosa así.

Don Celso, con su ama de llaves, se vino a vivir a la casa que dejaba Cecilia Pla, pues ella era en efecto; sola en el mundo.

Revolviendo una especie de alacena empotrada en la pared de su alcoba, Arteaga vio relucir una cosa metálica. La cogió... miró... era una sardina de metal blanco, muy amarillenta ya, pero muy limpia.

—¡Esa mujer se ha acordado siempre de mí! —pensó el funcionario jubilado con una íntima alegría que a él mismo le pareció ridícula, teniendo en cuenta los años que habían volado.

Pero como nadie le veía pensar y sentir, siguió acariciando aquellas delicias inútiles del amor propio retroactivo.

—Sí, se ha acordado siempre de mí; lo prueba que ha conservado mi regalo de aquella noche... del entierro de la sardina.

Y después pensó:

—Pero también es verdad que lo ha dejado aquí, olvidada sin duda de cosa tan insignificante... o ¿quién sabe si para que yo pudiera encontrarlo? Pero... de todas maneras... Casarnos, no, ridículo sería. Pero... mejor ama de llaves que este sargento que tengo, había de serlo...

Y suspiró el viejo, casi burlándose del prosaico final de sus románticos recuerdos.

¡Lo que era la vida! Un miércoles de Ceniza, un entierro de la sardina... y después la Cuaresma triunfante. Como Rescoldo, era el mundo entero. La alegría un relámpago; todo el año hastío y tristeza.

Una tarde de lluvia, fría, oscura, salía el jubilado don Celso Arteaga del Casino, defendiéndose como podía de la intemperie, con chanclos y paraguas.

Por la calle estrecha, detrás de él, vio que venía un entierro.

—¡Maldita suerte! —pensó, al ver que se tenía que descubrir la cabeza, a pesar de un pertinaz catarro. —¡Lo que voy a toser esta noche! —se dijo, mirando distraído el féretro. En la cabecera leyó estas letras doradas: C. P. M. El duelo no era muy numeroso. Los viejos eran mayoría.

Conoció a un cerero, su contemporáneo, y le preguntó el señor Arteaga:

—¿De quién es?

—Una tal Cecilia Pla... de nuestra época... ¿No recuerda usted?

—¡Ah, sí! —dijo don Celso.

Y se quedó bastante triste, sin acordarse ya del catarro. Siguió andando entre los señores del duelo.

De pronto se acordó de la frase que se le había ocurrido la última vez que había visto a la pobre Cecilia.

—«Parece una sardina.»

Y el diablo burlón, que siempre llevamos dentro, le dijo:

—Sí, es verdad, era una sardina. Este es, por consiguiente, el *entierro de la sardina.*

Ríete, si tienes gana.

Leopoldo Alas *(Clarín), Cuento futuro*

HORA DE FINALIZACIÓN

FECHA	TIEMPO	PALABRAS P.M.

CUESTIONARIO

1. *¿Qué ocurrió con el juez antes de que quisiera pasar sus últimos años en Rescoldo?*

....

....

2. *¿Por qué decidió dejar la fonda?*

....

....

3. *¿Cómo era el piso que encontró?*

....

....

4. *¿Cómo era la persona que le enseñó las habitaciones?*

....

....

5. *¿Qué pensó el funcionario sobre la mujer?*

....

....

6. *¿Cómo era la tarde en que Celso Arteaga salió del Casino?*

....

....

7. *¿Qué se encontró a medio camino de su casa?*

....

....

8. *¿Por qué se molestó Celso Arteaga?*

....

....

9. *¿Qué frase se la había ocurrido la última vez que había visto a Cecilia Pla?*

....

....

10. *¿Qué le dijo el diablo a Celso Arteaga?*

....

....

PRUEBA Nº 5

662 palabras aprox.

HORA DE COMIENZO

La naturaleza tiene una forma de presentar las cosas no siempre conveniente para todo el mundo a la hora de practicar deportes al aire libre como el esquí alpino y el surf. Japón ha encontrado la solución a todos estos problemas con la creación de gigantescos complejos cubiertos que reproducen a la perfección las mejores características naturales de los encuentros turísticos de montaña o de playa al aire libre, pero sin sus inoportunidades.

Las últimas creaciones son un centro playero artificial y cubierto en Miyazaki, en la isla sureña de Kyusu, a 1.500 kilómetros de la capital y «el frigorífico mayor del mundo», como ha bautizado la prensa local a una enorme estación de esquí artificial cubierta a sólo treinta kilómetros de Tokio.

Seagaia —un juego de palabras que combina con ecos paradisiacos la voz «mar» en inglés y «mundo» en griego antiguo— es el último grito en cuestión de instalaciones playeras cubiertas. Antes de su construcción *Wild blue Yokohama* («Azul salvaje Yokohama»), situada en la ciudad portuaria del mismo nombre a veinte kilómetros de Tokio, con su playa arenosa, sus palmeras falsas y sus olas de dos metros provocadas mecánicamente, era la atracción del momento.

La paradisiaca *Seagaia,* con una capacidad para 10.000 visitantes, ha perfeccionado este concepto en una playa de 85 metros de amplitud y un océano embotellado de 140 metros de anchura bajo techo, que promete las vacaciones perfectas al borde del mar sin lluvias monzónicas ni temporales ni agua salada que irrite los ojos.

En este edén artificial, las olas rompen eternamente en la orilla del litoral confeccionado con 600 toneladas de guijarros, triturados y pulverizados, bajo una descomunal campana retráctil de 200 metros mientras los cantos de los pajarillos, grabados y difundidos por altavoces, amenizan la escena y las palmeras de plástico, cimbreadas por una brisa simulada, ofrecen una deliciosa sombra.

El agua, debidamente tratada y clorada, se mantiene a una temperatura constante controlada por ordenador. Cuatro o cinco veces al día, el ordenador central crea espectaculares olas tubulares mediante diez grandes bombas que absorben y depositan agua en cuarenta cámaras y luego la expulsan creando crestas que permiten a los surfistas lucirse ante su público en la playa.

Además del acceso a la playa, por 38 dólares por adulto en temporada alta, de mayo a octubre, uno puede vivir la aventura en *Water Crash,* una bajada vertiginosa de quince minutos de *rafting* en una balsa con el fondo escénico de cascadas y cataratas proyectadas en la pared.

Los visitantes pueden también experimentar las emociones del retumbar y los humos de una erupción volcánica, pero sin sus peligros, en el área *Bali Hai,* donde una reproducción de un volcán explota automáticamente cada quince minutos. El interior del volcán está abierto al público y da cabida al *Dragon Sanctuary,* que contiene el esqueleto de un temible dragón exhibido con luces tétricas y música fantasmagórica.

Todas las tardes, a las tres, *Fiesta del Sol,* deleita a los visitantes con actuaciones de sirenas y neptunos adornados con corales y perlas marinas, todas falsas por supuesto, que danzan tonadas populares y, cuando la diversión llega al final, una niebla espesa cubre la superficie marina y el escenario se ilumina con saltos de agua desde los acantilados de cartón piedra.

«A uno le entran ganas de aplaudir como al final de una representación», explia un entusiasta visitante.

Para el más interesado en la técnica moderna y en las artes culinarias, la entrada permite asimismo el acceso al panel de control computerizado de la mayor bóveda replegable del planeta y el disfrute de quince restaurantes diferentes.

Todo esto a sólo 400 metros del océano Pacífico en Kyushu, la isla más meridional de Japón, famosa por su buen tiempo, sus playas, sus balnearios y el monte Aso.

El florecimiento de este nuevo concepto de recreo surgió en Japón de la necesidad de ofrecer pasatiempos a los japoneses, no acostumbrados a tener que decidir qué hacer en su escaso tiempo libre.

HORA DE FINALIZACIÓN

FECHA	TIEMPO	PALABRAS P.M.

CUESTIONARIO

1. *¿Qué ocurre con los deportes que se practican al aire libre?*

....

....

....

2. *¿Qué solución se le ha dado en Japón a este problema?*

....

....

....

3. *¿Dónde está el centro playero de Miyazaki?*

....

....

4. *¿Qué significa* Sea gaia?

....

5. *¿Cómo es esta playa artificial?*

....

....

6. *¿Cuántos visitantes caben en la playa?*

....

7. *¿Con qué cuentan los surfistas?*

....

....

8. *¿Cuánto cuesta la entrada?*

....

9. *¿Qué experimentan los visitantes en el área* Bali Hai?

....

....

....

10. *¿En qué consiste la* Fiesta del Sol?

....

....

....

....

11. *¿Cuántos restaurantes hay en este complejo?*

....

....

12. *¿Por qué es famosa la isla de Kyushu?*

....

....

13. *¿Por qué tiene tanta popularidad este nuevo concepto de recreo en Japón?*

....

....

....

PRUEBA Nº 6

688 palabras aprox.

HORA DE COMIENZO

En mayo terminó la guerra. Dos semanas antes de que el Gobierno hiciera el anuncio oficial, en una proclama altisonante que prometía un despiadado castigo para los promotores de la rebelión, el coronel Aureliano Buendía cayó prisionero cuando estaba a punto de alcanzar la frontera occidental disfrazado de hechicero indígena. De los veintiún hombres que lo siguieron en la guerra, catorce murieron en combate, seis estaban heridos, y sólo uno lo acompañaba en el momento de la derrota final: el coronel Gerineldo Márquez. La noticia de la captura fue dada en Macondo con un bando extraordinario. «Está vivo —le informó Úrsula a su marido—. Roguemos a Dios para que sus enemigos tengan clemencia.» Después de tres días de llanto, una tarde en que batía un dulce de leche en la cocina, oyó claramente la voz de su hijo muy cerca del oído. «Era Aureliano —gritó, corriendo hacia el castaño para darle la noticia al esposo—. No sé cómo ha sido el milagro, pero está vivo y vamos a verlo muy pronto.» Lo dio por hecho. Hizo lavar los pisos de la casa y cambiar la posición de los muebles. Una semana después, un rumor sin origen que no sería respaldado por el bando, confirmó dramáticamente el presagio. El coronel Aureliano Buendía había sido condenado a muerte, y la sentencia sería ejecutada en Macondo, para escarmiento de la población. Un lunes, a las diez y veinte de la mañana, Amaranta estaba vistiendo a Aureliano José, cuando percibió un tropel remoto y un toque de corneta, un segundo antes de que Úrsula irrumpiera en el cuarto con un grito: «Ya lo traen.» La tropa pugnaba por someter a culatazos a la muchedumbre desbordada. Úrsula y Amaranta corrieron hasta la esquina, abriéndose paso a empellones, y entonces lo vieron. Parecía un pordiosero. Tenía la ropa desgarrada, el cabello y la barba enmarañados, y estaba descalzo. Caminaba sin sentir el polvo abrasante, con las manos amarradas a la espalda con una soga que sostenía en la cabeza de su montura un oficial de a caballo. Junto a él, también astroso y derrotado, llevaban al coronel Gerineldo Márquez. No estaban tristes. Parecían más bien turbados por la muchedumbre que gritaba a la tropa toda clase de improperios.

—¡Hijo mío! —gritó Úrsula en medio de la algazara, y le dio un manotazo al soldado que trató de detenerla. El caballo del oficial se encabritó. Entonces el coronel Aureliano Buendía se detuvo, trémulo, esquivó los brazos de su madre y fijó en sus ojos una mirada dura.

—Váyase a casa, mamá —dijo—. Pida permiso a las autoridades y venga a verme a la cárcel.

Miró a Amaranta, que permanecía indecisa a dos pasos detrás de Úrsula, y le sonrió al preguntarle: «¿Qué te pasó en la mano?» Amaranta levantó la mano con la venda negra. «Una quemadura», dijo, y apartó a Úrsula para que no la atropellaran los caballos. La tropa disparó. Una guardia especial rodeó a los prisioneros y los llevó al trote al cuartel.

Al atardecer, Úrsula visitó en la cárcel al coronel Aureliano Buendía. Había tratado de conseguir el permiso a través de don Apolinar Moscote, pero éste había perdido toda autoridad frente a la omnipotencia de los militares. El padre Nicanor estaba postrado por una calentura hepática. Los padres del coronel Gerineldo Márquez, que no estaba condenado a muerte, habían tratado de verlo y fueron rechazados a culatazos. Ante la imposibilidad de conseguir intermediarios, convencida de que su hijo sería fusilado al amanecer, Úrsula hizo un envoltorio con las cosas que quería llevarle y fue sola al cuartel.

—Soy la madre del coronel Aureliano Buendía —se anunció.

Los centinelas le cerraron el paso. «De todos modos voy a entrar —les advirtió Úrsula—. De manera que si tienen orden de disparar, empiecen de una vez.» Apartó a uno de un empellón y entró a la antigua sala de clases, donde un grupo de soldados desnudos engrasaban sus armas. Un oficial en uniforme de campaña, sonrosado, con lentes de cristales muy gruesos y ademanes ceremoniosos, hizo a los centinelas una señal para que se retiraran.

—Soy la madre del coronel Aureliano Buendía —repitió Úrsula.

Gabriel García Márquez, *Cien años de soledad*

HORA DE FINALIZACIÓN

FECHA	TIEMPO	PALABRAS P.M.

CUESTIONARIO

1. *¿Cuándo terminó la guerra?*

....

2. *¿Cuándo cayó prisionero Aureliano Buendía?*

....

3. *¿Qué ocurrió con los hombres que le seguían?*

....

....

....

4. *¿Quién era Gerineldo Márquez?*

....

....

....

5. *¿Cómo supo Úrsula que su hijo vivía?*

....

....

....

6. *¿Cuándo llego Aureliano a Macondo?*

....

....

7. *¿Cómo fue su entrada en el pueblo?*

....

....

8. *Describa el encuentro entre Úrsula y Aureliano.*

....

....

....

....

....

....

9. *¿Qué le había pasado a Amaranta en la mano?*

....

....

....

10. *¿Cómo entró Úrsula en el cuartel?*

....

....

....

....

PRUEBA Nº 7

688 palabras aprox.

HORA DE COMIENZO

Sor Dorita y sus compañeras no tienen un duro, pero con algo de ayuda de fuera, siempre escasa, han organizado un hospital relimpio y luminoso, alegre y lleno de plantas, en el que se ve de todo y se aprende lo que no está escrito sobre cómo se vive en esa zona difícil de Oriente Medio. Niños abandonados durante años pero a los que se les dice que no desesperen porque sus padres han prometido volver algún día; niños abandonados para siempre, y a los que las monjas tratan de sacar adelante hasta que una institución o una familia se hagan cargo de ellos, niños que se pasan el día en el hospital porque su familia no puede mantenerlos pero que por la noche reciben los cuidados de sus padres. Y niños enfermos que necesitan un tratamiento especial y a los que su familia dejan allí hasta que las monjas los curen, y sobre todo hasta que las monjas consigan el dinero y los medios necesarios para curarlos, que esa es otra.

De vez en cuando aparecen jóvenes con su título de médico que se instalan un par de meses en Belén para ayudar. O acude de visita el matrimonio alemán que todos los años les envía un buen cheque para que compren cunas, edredones o juguetes para los cincuenta niños que permanentemente viven allí. O para comprar un aparato médico que necesitan y que es inalcanzable para su paupérrima economía. Monjas como sor Dorita hay muchas en el mundo, pero lo que provoca admiración en esa mujer es su espíritu. Echa a los padres unas broncas de campeonato cuando ve que no tratan a sus mujeres con suficiente respeto, les obliga a atender a sus hijos, y con una labor de concienciación que le ha costado sangre, sudor y lágrimas, ha conseguido lo que parecía imposible en una sociedad tan apegada a sus tradiciones como la árabe: que los padres entren en el paritorio con su esposa y vivan en directo el parto de sus hijos. Para sor Dorita es importante que el padre conozca el papel de la madre al dar vida a un hijo, le da un nuevo valor ante sus ojos.

Hay muchas sor Doritas, te las encuentras en las ciudades más inhóspitas y al lado de los más míseros, pero nunca dejan de sorprendernos. Y de emocionarnos. Sin apenas medios económicos, y con el socorrido «Dios y la providencia proveerán», se empeñan en empresas que otros han dado por perdidas. Mil veces las he visto sin un duro para comprar una docena de huevos o un litro de leche, y siempre han sabido salir en el último minuto gracias a esa providencia a la que suelen referirse en los malos tragos. Sor Dorita y sus compañeras no caen jamás en la desesperación, en el mal gesto, en la preocupación. Cuando los bombardeos en la guerra del Golfo organizaron a toda prisa una habitación cerrada en la cripta, y allí transportaban a los bebés y a los no tan bebés, y se ponían a cantar con los niños para que no se asustasen con el sonido de los misiles y de las sirenas. La he visto encararse con un futuro padre que hablaba con desprecio de su mujer; la he visto consolar a una madre soltera que estaba aterrorizada por la reacción paterna. La he visto enseñar a las futuras enfermeras a atender en un parto, o a dar de comer a los niños, o a cambiar a un bebé. Y la he visto plantar cara a quienes le negaban la entrada en un campo en el que vivía un médico al que ella necesitaba en ese momento, precisamente en ese momento, y no cuando acabara el toque de queda. Y volvía con su médico al hospital, faltaría más.

Estas sor Doritas merecen que les hagamos algún día un monumento. Son muchas, muchísimas, con nombres y apellidos, las que hacen un trabajo anónimo sin que nadie les envíe una nota de agradecimiento, o se reconozca públicamente que sin ellas la vida sería difícil, o imposible, para viejos, niños, enfermos, presos o pobres de solemnidad.

Pilar Cernuda, *Sor Dorita* (en *Blanco y Negro)*

HORA DE FINALIZACIÓN

FECHA	TIEMPO	PALABRAS P.M.

CUESTIONARIO

1. *¿Qué han hecho sor Dorita y sus compañeras?*

....

....

....

2. *¿A qué niños atienden?*

....

....

3. *¿A qué personas ayudan de vez en cuando?*

....

....

4. *¿Qué ha logrado sor Dorita?*

....

....

5. *¿Qué actitud tiene sor Dorita ante la adversidad?*

....

....

....

6. *¿Qué ha visto la autora?*

....

....

....

7. *¿Para quién sería la vida más difícil sin personas como sor Dorita?*

....

....

....

....

PRUEBA Nº 8

630 palabras aprox.

HORA DE COMIENZO

No vamos por el anís, ni porque hay que ir. Ya se habrá sospechado: vamos porque no podemos soportar las formas más solapadas de la hipocresía. Mi prima segunda la mayor se encarga de cerciorarse de la índole del duelo, y si es de verdad, si se llora porque llorar es lo único que les queda a esos hombres y a esas mujeres entre el olor a nardos y a café, entonces nos quedamos en casa y los acompañamos desde lejos. A lo sumo mi madre va un rato y saluda en nombre de la familia; no nos gusta interponer insolentemente nuestra vida ajena a ese diálogo con la sombra. Pero si de la pausada investigación de mi prima surge la sospecha de que en un patio cubierto o en la sala se han armado los trípodes del camelo, entonces la familia se pone sus mejores trajes, espera a que el velorio esté a punto, y se va presentando de a poco pero implacablemente.

En Pacífico las cosas ocurren casi siempre en un patio con macetas y música de radio. Para estas ocasiones los vecinos condescienden a apagar las radios, y quedan solamente los jazmines y los parientes, alternándose contra las paredes. Llegamos de a uno o de a dos, saludamos a los deudos, a quienes se reocnoce fácilmente porque lloran apenas ven entrar a alguien, y vamos a inclinarnos ante el difunto, escoltados por algún pariente cercano. Una o dos horas después toda la familia está en la casa mortuoria, pero aunque los vecinos nos conocen bien, procedemos como si cada uno hubiera venido por su cuenta y apenas hablamos entre nosotros. Un método preciso ordena nuestros actos, escoge los interlocutores con quienes se departe en la cocina, bajo el naranjo, en los dormitorios, en el zaguán, y de cuando en cuando se sale a fumar al patio o a la calle, o se da una vuelta a la manzana para ventilar opiniones políticas y deportivas. No nos lleva demasiado tiempo sondear los sentimientos de los deudos más inmediatos, los vasitos de caña, el mate dulce y los Particulares livianos son el puente confidencial; antes de medianoche estamos seguros, podemos actuar sin remordimientos. Por lo común mi hermana la menor se encarga de la primera escramuza; diestramente ubicada a los pies del ataúd, se tapa los ojos con un pañuelo violeta y empieza a llorar, primero en silencio, empapapando el pañuelo a un punto increíble, después con hipos y jadeos, y finalmente le acomete un ataque terrible de llanto que obliga a las vecinas a llevarla a la cama preparada para esas emergencias, darle a oler agua de azahar y consolarla, mientras otras vecinas se ocupan de los parientes cercanos bruscamente contagiados por la crisis. Durante un rato hay un amontonamiento de gente en la puerta de la capilla ardiente, preguntas y noticias en voz baja, encogimientos de hombros por parte de los vecinos. Agotados por un esfuerzo en que han debido emplearse a fondo, los deudos amenguan en sus manifestaciones, y en ese mismo momento mis tres primas segundas se largan a llorar sin afectación, sin gritos, pero tan conmovedoramente que los parientes y vecinos sienten la emulación, comprenden que no es posible quedrse así descansando mientras extraños de la otra cuadra se afligen de tal manera, y otra vez se suman a la deploración general, otra vez hay que hacer sitio en las camas, apantallar a señoras ancianas, aflojar el cinturón a viejitos convulsionados. Mis hermanos y yo esperamos por lo regular este momento para entrar en la sala mortuoria y ubicarnos junto al ataúd. Por extraño que parezca estamos realmente afligidos, jamás podemos oír llorar a nuestras hermanas sin que una congoja infinita nos llene el pecho y nos recuerde cosas de la infancia, unos campos cerca de Villa Albertina, un tranvía que chirriaba al tomar la curva en la calle General Rodríguez, en Banfield, cosas así, siempre tan tristes. Nos basta ver las manos cruzadas del difunto para que el llanto nos arrase de golpe, nos obligue a taparnos la cara avergonzados, y somos cinco hombres que lloran de verdad en el velorio, mientras los deudos juntan desesperadamente el aliento para igualarnos, sintiendo que cueste lo que cueste deben demostrar que el velorio es el de ellos, que solamente ellos tienen derecho a llorar así en esa casa. Pero son pocos, y mienten (eso lo sabemos por mi prima segunda la mayor, y nos da fuerzas). En vano acumulan los hipos y los desmayos, inútilmente los vecinos más solidarios los apoyan con sus consuelos y sus reflexiones, llevándolos y trayéndolos para que descansen y se reincorporen a la lucha. Mis padres y mi tío el mayor nos reemplazan ahora, hay algo que impone respeto en el dolor de estos ancianos que han venido desde la calle Humboldt, cinco cuadras contando desde la esquina, para velar al finado. Los vecinos más coherentes empiezan a perder pie, dejan caer a los deudos, se van a la cocina a beber grapa y a comentar; algunos parientes, extenuados por una hora y media de llanto sostenido, duermen estertorosamente.

Julio Cortázar, *Conducta en los velorios*

HORA DE FINALIZACIÓN

FECHA	TIEMPO	PALABRAS P.M.

CUESTIONARIO

1. *¿Por qué van al velatorio?*

....

....

2. *¿Cuándo van al duelo?*

....

....

3. *¿Dónde ocurren casi siempre las cosas en Pacífico?*

....

....

4. *¿Cómo llegan al velorio?*

....

....

5. *¿Cómo es el método preciso que ordena los actos de la familia?*

....

....

6. ¿Cuándo comienzan a actuar?

....

....

7. *¿Quién es la encargada de la primera escaramuza?*

....

....

8. *¿Qué hacen las tres primas segundas?*

....

....

9. *¿Qué les hace llorar sinceramente?*

....

....

10. *¿Desde dónde han venido los padres y el tío mayor?*

....

....

11. *¿Por qué los vecinos pierden pie y quedan extenuados?*

....

....

....

PRUEBA Nº 9

627 palabras aprox.

HORA DE COMIENZO

Desde que se llevó a cabo la revolución electrónica en el campo de las comunicaciones sociales, quedó iniciado un proceso cultural en cuyas dimensiones y repercusiones no siempre resulta ocioso abundar.

El hombre de nuestra época se encuentra sometido a la penetración de civilización más importante de su historia, tan intensiva y tan pródiga que disminuye fácilmente todos los recursos pedagógicos precedentes; ni las prácticas rituales entre los primitivos, ni la invención de la escritura, ni la invención de la imprenta, ni la revolución industrial y los cada vez más acelerados progresos tecnológicos posteriores fueron vehículo de formación tan activos ni han incidido de modo tan directo e integral en la configuración de la sensibilidad y mentalidad del hombre.

Se explica entonces, ante la entidad de la experiencia que se viene cumpliendo, la copiosa recurrencia que de un tiempo a esta parte se ha consagrado al tema por parte de preocupados especialistas.

Porfiadas protestas de pedagogos y artistas denuncian insistentemente las miles de horas por año durante las cuales se estima que el educando está sometido a la penetración de la televisión —por citar un medio, el que ha provocado más escándalo— mientras que sólo dispone de ochocientas horas, aproximadamente, asignadas a la formación escolar. Si además se considera que la televisión no es el único medio de inmersión cultural con que cuenta la sociedad de consumo para trasmitir y conservar sus valores, sino que es sólo un factor muy importante pero que se integra a otros: abultados periódicos, afiches ubicuos, sesiones cinematográficas, audiciones de radio, emisiones de "juke boxes", tebeos, se llega a calibrar las consecuencias didácticas y estéticas de una experiencia que por medio de técnicas audiovisuales encuentra su mejor vehículo en los grandes medios de comunicación.

La enseñanza tradicional queda a la zaga —en cuanto a intensión y extensión se refiere— de estos ejercicios informativos. En cambio los grandes medios de comunicación de masas vienen explotándolos por decenas de años, dentro de un espacio y tiempo sin límites, y auspiciados por ventajosas financiaciones que se proponen fines indudablemente más redituables que las humildes lecciones magisteriales o las esporádicas muestras de arte más o menos concurridas. Sólo recientemente y con las restricciones de quien adopta un método nuevo, recelando parsimoniosamente de las prácticas que involucran, además, altos costos de aplicación, la pedagogía escolar empieza a analizar sus tímidas conclusiones sobre la incorporación progresiva de los métodos audiovisuales.

Los estímulos culturales que emite la sociedad de consumo excitan sistemáticamente a los individuos, condicionando masivamente su cerebro, sus acciones, su lenguaje, sus relaciones, sus gustos, su vestimenta, su cuerpo; nada de su ser se sustrae a las direcciones que le imprime el absorbente aparato montado por la propaganda.

En consecuencia, la difusión de sus mensajes no se restringe sólo a impartir orientaciones a una escala de orden material sino que, a través de la inclinación de gustos, de propósitos, de hábitos del lenguaje, sobre todo, se dispone abarcando asimismo la conformación espiritual del individuo.

Reconoce Georges Mounin, sin mayor aprensión, que las apetencias de conocimiento y poesía —que son necesidades naturales de los hombres de todas las épocas— parecen encontrar satisfacción en los espectáculos de diversa índole que en la actualidad exhiben y extienden los grandes medios de comunicación. Sin embargo la interrogante que formula suena más bien a alarma: «¿... y si todo esto se convirtiera en el alimento estético, en la poesía de los siglos venideros?»

Con la notable asistencia proporcionada por los valiosos recursos contemporáneos, la propaganda encumbra y difunde estereotipos, mitos, creencias, sentimientos y actitudes, por medio de un lenguaje de eslogans cuyos métodos de sugestión y múltiples efectos han sido objeto de profundos y numerosos tratados que siguen analizando las variadas técnicas de manipulación psicológica con que se procura someter dócilmente al consumidor.

Lisa Block de Behar, *El lenguaje de la publicidad*

HORA DE FINALIZACIÓN

FECHA	TIEMPO	PALABRAS P.M.

CUESTIONARIO

1. *¿Qué ha ocurrido desde que se llevó a cabo la revolución electrónica en el campo de las comunicaciones sociales?*

....

....

....

2. *¿Qué le sucede al hombre de nuestra época?*

....

....

....

3. *¿Por qué protestan pedagogos y artistas?*

....

....

....

4. *¿Cuántas horas se asigna, como promedio, a la formación escolar?*

....

5. *¿Con qué medios cuenta la sociedad de consumo para trasmitir y conservar sus valores?*

....

....

6. *¿Qué ocurre con la pedagogía escolar en relación con los medios audiovisuales?*

....

....

....

7. *¿Puede sustraerse el hombre a los estímulos culturales de la sociedad de consumo?*

....

....

8. *¿Cómo se logra la conformación espiritual del individuo?*

....

....

....

....

9. *¿Qué reconoce Georges Mounin?*

....

....

....

10. *¿Qué encumbra y difunde la propaganda?*

....

....

....

11. *¿Qué consiguen los eslóganes?*

....

....

....

PRUEBA Nº 10

692 palabras aprox.

HORA DE COMIENZO

El día era radiante. Sobre las márgenes del río flotaba desde el amanecer una bruma sutil, argéntea, pronto bebida por el sol.

Y como el luminar iba picando más de lo justo, los expedicionarios tendieron los manteles bajo unos olmos, en cuyas ramas hicieron toldo con los abrigos de las señoras. Abriéronse las cestas, salieron a luz las provisiones y se almorzó bastante tarde, con el apetito alegre e indulgente que despiertan el aire libre, el ejercicio y el buen humor. Se hizo gasto del vinillo del país, de sidra achampanada, de licores, servidos con el café que un remero calentaba en la hornilla.

La jira se había arreglado en la tertulia de la registradora, entre exclamaciones de gozo de las señoritas y señoritos que disfrutaban con el juego de la lotería y otras igualmente inocentes inclinaciones del corazón no menos lícitas. Cada parejita de tórtolos vio en el proyecto de la excelente señora el agradable porvenir de un rato de expansión; paseo por el río, encantadores apartes entre las espesuras floridas de Penamoura. El más contento fue Cesáreo, el hijo del mayorazgo de Sanín, perdidamente enamorado de Candelita, la graciosa, la seductora sobrina del arcipreste.

Aquél era un amor, o no los hay en el mundo. No correspondido al principio, Cesáreo hizo mil extremos, al punto de enfermar seriamente: desarreglos nerviosos y gástricos, pérdida total del apetito y sueño, pasión de ánimo con vistas al suicidio. Al fin se ablandó Candelita y las relaciones se establecieron, sobre la base de que el rico mayorazgo dejaba de oponerse y consentía en la boda a plazo corto, cuando Cesáreo se licenciase en Derecho. La muchacha no tenía un céntimo, pero... ¡ya que el muchacho se empeñaba! ¡Y con un empeño tan terco, tan intenso!

—Allá él, señores... —así dijo el mayorazgo a sus tertulianos y tresillistas; otros hidalgos viejos, que sonrieron aprobando, y hasta clamando «Enhorabuena», fácilmente benévolos para lo que no les llegaba al bolsillo. Al cabo, ellos no habían de dar biberón a lo que naciese de la unión de Cesáreo y Candelita.

La felicidad del noviazgo la saboreó Cesáreo desatadamente. Loco estaba antes de rabia, y loco estaba ahora de júbilo; las contadas horas que no pasaba al lado de su novia las dedicaba a escribir cartas o a componer versos de un lirismo exaltado. En el pueblo no se recordaba caso igual; son allí los amoríos plácidos, serenos, con algo de anticipada prosa casera entre las poesías del idilio. Envidiaron a Candelita las niñas casaderas, encubriendo con bromas el despecho de no ser amadas así; y cuando, al preguntarle chanceras qué hubiese sucedido si Candelita no le corresponde, contestaba Cesáreo rotundamente: «Me moriría», las muchachas se mordían el labio inferior. ¿Qué tenía la tal Candelita más que las otras, vamos a ver?...

En la jira a Penamoura estuvo hasta imprudente, hasta descortés, el hijo del mayorazgo; de su proceder se murmuraba en los grupos. Todo tiene límite; era demasiada cesta. Aquellos ojos que se comían a Candelita; aquellos oídos pendientes del eco de su voz; aquellos gestos de adoración a cada movimiento suyo..., francamente, no se podían aguantar. Mientras la parejita se aislaba, adelantándose castañar arriba, so pretexto de coger moras, el sayo se cortó bien cumplido; solo el viejo capitán retirado, don Vidal, que dirigía la excursión, opinó con bondad babosa que eran cosas naturales, y que si él se volviese a sus veinticinco, atrás se dejaría en rendimiento y transporte a Cesáreo...

Habían decidido emprender el regreso a buena hora, porque, en otoño, sin avisar se echa encima la noche; pero ¡estaba tan hermoso el pradito orlado de espadañas! ¡Si casi parecía que acababan de comer! Si no habían tenido tiempo de disfrutar la hermosura del campo! Daba lástima irse... Además, tenían luna para la navegación. Fue oscureciendo insensiblemente, y con la puesta del sol coincidió una niebla, suave y ligera al pronto, como la matinal, pero que no tardó en cerrarse, ya densa y pegajosa, impidiendo ver a dos pasos los objetos. Don Vidal refunfuñó entre dientes:

—Mal pleito para embarcarse. Vararemos.

Y ello es que no había otro recurso sino regresar a la villa.

HORA DE FINALIZACIÓN

FECHA	TIEMPO	PALABRAS P.M.

1. *¿Qué hicieron los expedicionarios cuando el sol comenzó a picar?*

....

....

2. *¿Dónde se había arreglado la jira?*

....

....

3. *¿Quién fue el que más se alegró?*

....

4. *¿Cómo era el amor de Cesáreo y Candelita?*

....

....

....

5. *¿Cómo consiguió Cesáreo que Candelita le amase?*

....

....

....

6. *Describa el noviazgo de Cesáreo y Candelita.*

....

....

....

....

....

7. *¿Por qué la gente se molestó al comienzo de la jira a Penamoura?*

....

....

8. *¿Quién opinó con bondad?*

....

9. *¿En qué época del año se realizó la jira?*

....

10. *¿Por qué no volvieron temprano?*

....

....

....

11. *¿Qué ocurrió al caer la tarde?*

....

....

....

12. *¿Por qué refunfuñó don Vidal?*

....

....

....

PRUEBA Nº 11

647 palabras aprox.

HORA DE COMIENZO

El *patchwork* se realiza uniendo pequeñas piezas de tela para obtener una nueva tela de estilo mosaico. La limpieza de las costuras, la elección de las telas y la disposición de las piezas son los tres factores que contribuyen a obtener un bonito resultado. Si se ignoran estos factores la labor una vez terminada puede parecer una mezcla de harapos. Todas las piezas deben cortarse y doblarse debidamente para que formen dibujos nítidos y bien definidos y que encajen unos en otros con precisión para crear diseños geométricos. Las yuxtaposiciones de colores pueden ser en contraste o sutiles, aunque los más frecuente es emplear contrastes de oscuros y pálidos, alternándolos de modo que cada pieza quede claramente definida. No obstante, también pueden agruparse varias formas de tonos pálidos en masas o medallones que posteriormente quedarán rodeados por un fondo oscuro de formas o rayas. Por otra parte, existe también la posibilidad de reuinir masas oscuras sobre fondos de piezas claras. Del mismo modo, éstas contribuyen a crear estallidos de color, si se les añaden gradualmente, en hileras o en círculos, piezas de tonalidades más intensas. Antiguamente se seleccionaban cuidadosamente las telas que contenía un saco de trapos, en el que se almacenaban los retales sobrantes de la confección de prendas o trozos en buen uso de ropa gastada. En la actualidad, como es poco frecuente disponer de un saco de trapos, lo común es hacer las labores de *patchwork* con telas compradas, con la ventaja de poder decidir con toda libertad el esquema de color del proyecto y adquirir las telas en tonos acordes. Los estampados precisan también una cuidadosa selección: los menudos son ideales por su relación con el tamaño de las piezas, mientras que los grandes, si exceden de los bordes de éstas, pueden resultar inexpresivos.

Cualquier tejido puede empalmarse con otro por lo que a corte y costura respecta, pero los realmente indicados para *patchwork* son todos los lavables, y de trama y urdimbre uniformes para que los dobleces que en ellos se efectúen queden bien nítidos. Tal es el caso de las telas de algodón, y especialmente las más finas, estampadas o a rayas, que pueden lavarse y se venden en infinidad de diseños y colores diferentes. Las telas de lino, lana fina, seda y terciopelo son también adecuadas, pero las sedas requieren un tratamiento más delicado para evitar que queden señaladas por alfileres e hilvanes: cuando se trabaja con ellas, el hilván se pasa solamente por el forro de papel y no por la pieza. El cuero es también ideal para labores de *patchwork* y, como no se deshilacha, puede emplearse sin doblar. Por regla general, los *patchwork* deben hacerse con tejidos de tipo similar para evitar dificultades a la hora del lavado. Es esencial asegurarse de que todas las teleas que deseen utilizarse sean de colores sólidos; ante la duda, se hace una sencilla prueba consistente en lavar una muestra en agua caliente y dejarla en remojo; si el color destiñe, no la utilice. Todos los tejidos deben ser del mismo peso para que tengan caída uniforme una vez ensamblados. Si este consejo se pasa por alto y se combinan telas pesadas y livianas, las piezas de éstas formarán «ampollas» dando a la labor una superficie desigual. También hay que elegirlas de idéntica resistencia, ya que, de lo contrario, las más fuertes producirán tiranteces en las más flojas, pudiendo incluso deformarlas. Sin embargo, si es absolutamente necesario combinar tejidos distintos, estas dificultades pueden paliarse forrando los más livianos o flojos con otros que contrarresten estas características para darles el mismo peso o fuerza que los otros. Finalmente, si se eligen telas diferentes para una misma labor, hay que tener en cuenta que todas tengan las mismas necesidades de lavado y, de no ser así, el *patchwork* deberá destinarse a un artículo que no precise lavados frecuentes, y pueda limpiarse en seco.

Judy Brittain, *Labores*

HORA DE FINALIZACIÓN

FECHA	TIEMPO	PALABRAS P.M.

CUESTIONARIO

1. *¿En qué consiste el patchwork?*

....

....

....

2. *¿Cuáles son los tres factores determinantes para obtener un bonito resultado?*

....

....

3. *¿Cómo deben cortarse y doblarse las piezas?*

....

....

4. *¿Cuál es el contraste que más se utiliza?*

....

....

5. *¿Cómo pueden agruparse las piezas?*

....

....

....

6. *¿Qué se hacía antiguamente?*

....

....

7. *¿Cómo suelen obtenerse hoy las piezas?*

....

....

8. *¿Qué estampados son los más convenientes?*

....

....

9. *¿Qué tejidos deben elegirse?*

....

....

PRUEBA Nº 12

653 palabras aprox.

HORA DE COMIENZO

La tumba había sido profanada en las primeras semanas de la revolución en pleno verano. Poco antes había llegado el niño a la casa, recogido por unas amistades de su padre y trasladado y depositado allí para protegerle de las amenazas que sobre todos los de su nombre se cernían en la capital. Tiempo atrás el niño había estado en la casa, en compañía de su padre, para visitar al abuelo. Pero dos o tres años antes de la guerra el abuelo había muerto y su padre no había vuelto a poner los pies en la casa, para no añadir mayores y más numerosas desavenencias a las que ya le separaban de su hermano menor. Así que cuando el niño llegó allí, no sólo no conocía a la señora —que habitaba la casa desde pocos meses antes en compañía de dos sirvientas— sino que apenas tuvo tiempo de besar a su tío en el momento en que hacía sus precipitados preparativos para abandonar el lugar y buscar un refugio en otra provincia donde su nombre fuera menos conocido. Pocos días después de marchar su tío, apareció la venganza por el temible camino de pacientes. La señora había ordenado al guarda apostarse en la puerta pero ni siquiera se oyeron sus voces. Cerraron y atrancaron todas las puertas —no había dentro más que tres mujeres y un niño— y desde un ventanuco del sobrado observaron la llegada de la ruba —arrastrando un par de cabritos—, unas pocas cabezas que sobresalían por un camino hueco, a menudo ocultas por las hayas, con palos y herramientas al hombro como esas procesiones de maleantes que en el cuadro flamenco se aproximan al santo —en el momento en que sufre las más singulares tentaciones — para turbarle con un concierto de embudos y cacerolas. Se detuvieron frente a la casa —el niño se abrazó a una pierna de la señora, hundió la cabeza en su vientre, era la primera vez que lo hacía — y empezaron a dar voces, levantando las manos y los puños: lanzaron maldiciones, apedrearon todas las ventanas, tentaron las puertas para forzarlas, incendiaron un carro y unos cuantos enseres viejos que se guardaban en un antiguo establo y tiznaron y pintaron los muros con símbolos obscenos y blasfemos y letreros vindicativos y siglas proletarias. Era media tarde cuando, entre risas y gritos se dirigieron a la tumba cantando y con las herramientas al hombro. Primero deshicieron la lápida a porrazos —era una sencilla losa de mármol, sin ningún símbolo religioso, con una sola inscripción de un nombre y sus fechas de nacimiento y muerte—, cuyos pedazos esparcieron por el descuidado jardín que la rodeaba. Luego la excavaron con saña, en busca de aquellos restos malditos y temidos, que nadie posteriormente pudo llegar a saber adónde fueron a parar si es que en verdad se encontró algo. Y por último, hicieron una gran hoguera dentro de la fosa —recogiendo leña y fagina seca y cuantos restos combustibles encontraron alrededor de la casa— en torno a la cual toda aquella noche de verano formaron un corro, asaron los cabritos, bailaron al son de un acordeón, se bebieron unas garrafas de vino que allí quedaron para siempre y borrachos y frenéticos, fornicaron como siempre habían deseado hacerlo, sin ninguna clase de miramientos, y dando voces a la vista de los camaradas. Algunos durmieron allí, otros se fueron retirando con las primeras luces del alba, tan agotados que no prestaron ninguna atención a la casa silenciosa y cerrada; y ya brillaba el sol bastante alto cuando a la vivienda del guarda llamaron para pedir agua los más recalcitrantes: un par de jóvenes con las gorras ladeadas arrastraban a un tercero colgado de sus hombros que a pesar de no poder sostenerse sobre sus pies —los pantalones los llevaba alrededor del cuello— saludó al guarda con un viva a la revolución cuya intención era desmentida por su tono sombrío y apologético.

Juan Benet, *Una tumba*

HORA DE FINALIZACIÓN

FECHA	TIEMPO	PALABRAS P.M.

CUESTIONARIO

1. *¿Cuándo llegó el niño a la casa?*

....

....

2. *¿Había estado el niño antes en la casa?*

....

3. *¿Qué ocurrió al volver el niño a la casa?*

....

....

....

....

4. *¿Qué orden dio la señora al guarda?*

....

....

5. *¿Quién vino?*

....

....

6. *¿Qué hizo la gente?*

....

....

7. *¿A qué hora fueron a la tumba?*

....

8. *¿Qué hicieron con la tumba?*

....

....

9. *¿A qué hora se fue la turba?*

....

....

10. *¿Quién pidió agua?*

....

....

PRUEBA Nº 13

939 palabras aprox.

HORA DE COMIENZO

No hay nada como unas vacaciones de verano para demostrar que el jardín es una comunidad artificial, mantenida solamente gracias a un esfuerzo humano constante. Al volver a casa tras un breve paréntesis, encontrará las malas hierbas campando por sus respetos: la pamplina invadiendo insidiosamente los guisantes, otro batallón de grama desfilando por el macizo de herbáceas, y la correhuela algunos centímetros más alta sobre los frambuesos. Durante la época de mayor crecimiento, todo esto puede suceder en un par de semanas. Un par de decenios de total abandono convertiría el jardín en un terreno totalmente silvestre, o «a merced de la Naturaleza», como describiría eufemísticamente un agente inmobiliario una parcela descuidada.

Por supuesto, en la realidad las plantas y animales silvestres no suelen tener la oportunidad de llegar a la invasión total. Pero incluso en un jardín bien cuidado, esta posibilidad existe. Cada jardín tiene su lista de huéspedes animales y vegetales que viven espontáneamente entre las flores y las hortalizas, a veces sin que el jardinero tenga la menor idea de que residen allí permanentemente, y siempre hay más especies aguardando a que las condiciones sean las adecuadas para mudarse a él.

El aficionado invierte gran parte de su tiempo evitando que estos huéspedes no invitados adquieran ventaja. Si quiere usted que su jardín tenga mucho colorido y sea muy productivo, de ningún modo podrá evitar tener que hacer este tipo de trabajo. Sin embargo, es un error intentar ganar esta batalla por completo. Para empezar, no será capaz de hacerlo. Pero, lo que es aún más importante, no debe intentar eliminar los animales, ya que las plantas del jardín dependen de ellos en muchos sentidos, a veces insospechados. Como veremos más adelante, en un jardín vivo muchos animales y plantas silvestres, a menudo tenidos por plagas o malas hierbas, tienen sus virtudes además de sus defectos. Las primeras pueden ser mayores que los segundos; en particular, las plantas silvestres son a menudo víctima de un concepto erróneo. Muchos jardineros consideran que las plantas del jardín se agrupan en dos categorías muy diferentes entre sí: flores y malas hierbas. Pero, ¿qué es exactamente una mala hierba? Hasta cierto punto, es como la belleza: depende del espectador y resulta extraordinariamente difícil de definir con exactitud. El lamio rojo se considera una mala hierba si se encuentra entre las hortalizas, pero cuando crece al borde de la carretera se admira como flor silvestre. Una mala hierba es sencillamente una planta que crece donde no nos interesa que lo haga.

Puede usted preguntarse por qué a algunas plantas silvestres les gustan tanto los jardines, y qué es lo que las hace tan comunes y abundantes. La respuesta más corta es su agresividad. Es difícil imaginar que una planta pueda ser agresiva, pero, en comparación con otras especies silvestres, las malas hierbas en general sin duda lo son. La mayoría se extiende y desarrolla rápidamente, y se recupera enseguida de cualquier ataque, haciendo que al jardinero le resulte muy difícil erradicarlas.

Si las malas hierbas no son más que plantas que crecen donde no deben, ¿por qué no las admitimos en nuestros jardines? Muchos aficionados dirían que no son bonitas, lo cual no es cierto en todos los casos, o que dan al jardín un aspecto descuidado porque crecen entre las bonitas y ordenadas hileras de hortalizas. Pero, en algunas ocasiones, éste es en realidad el menor de sus defectos.

Muchas malas hierbas son ladronas e incluso asesinas. El suelo de su jardín contiene solamente una cantidad determinada de minerales para las plantas y si esta reserva ha de ser compartida por las malas hierbas y las plantas cultivadas, las últimas se verán sin duda perjudicadas. Bajo el suelo, las raíces también compiten por el agua, tan necesaria para la vida. La competencia es muy desigual, sin embargo, ya que las malas hierbas no juegan limpio: sus raíces a menudo segregan sustancias venenosas que retrasan el desarrollo de las plantas de alrededor e incluso pueden llegar a matarlas. La competencia tiene lugar también por encima del suelo, ya que tanto las malas hierbas como las plantas cultivadas requieren luz y dióxido de carbono. La mayor rapidez de crecimiento de las primeras les permite alcanzar una mayor altura, dejando al resto en la sombra al privarles del sol que tanto necesitan, y a menudo provocando su muerte. También por encima del suelo tiene lugar la guerra química. Las hojas del diente de león, por ejemplo, emiten gases de etileno que impiden el crecimiento de las plantas que las rodean.

Además, las malas hierbas pueden traer problemas al albergar plagas y enfermedades durante los meses de invierno. En un estudio a largo plazo realizado en Inglaterra, el 40 por 100 de las plantas examinadas durante el mes de abril estaban infestadas de áfidos de diversos tipos, que esperaban el momento de trasladarse a las plantas cultivadas en cuanto las hortalizas nuevas comenzasen a germinar.

Pero a pesar de todo esto, incluso las malas hierbas más tenaces no son malvadas empedernidas; algunas de ellas también tienen sus cosas buenas. Las romanzas y los dientes de león, con sus profundas raíces, pueden beneficiar al resto de las plantas al abrir el suelo, aireándolo y drenándolo de modo que las raíces más finas de otras especies pueden abrirse camino a través de él. El rápido crecimiento en extensión de las malas hierbas puede incluso aumentar un poco la temperatura del suelo, lo cual es muy beneficioso para algunas de las plantas cultivadas más frágiles, y este tapiz de malas hierbas puede también contribuir a conservar la humedad del suelo durante los meses de verano.

Michael Chinery, *El naturalista en el jardín*

HORA DE FINALIZACIÓN

FECHA	TIEMPO	PALABRAS P.M.

CUESTIONARIO

1. *¿Por qué el jardín es una comunidad artificial?*

....

....

....

2. *¿Es posible que haya malas hierbas en un jardín bien cuidado?*

....

....

3. *¿Qué no puede evitar el jardinero si quiere que su jardín sea colorido y muy productivo?*

....

....

4. *¿Por qué no deben eliminarse los animales del jardín?*

....

....

5. *¿En qué categorías suelen agrupar los jardineros a las plantas?*

....

....

6. *¿Puede definirse la mala hierba?*

....

....

7. *¿Por qué a las plantas silvestres les agradan los jardines?*

....

....

8. *¿Por qué los jardineros no desean malas hierbas en sus jardines?*

....

....

9. *¿Qué hacen las raíces de las malas hierbas?*

....

....

10. *¿Cómo compiten las malas hierbas en la superficie?*

....

....

....

11. *¿Qué hacen las hojas del diente de león?*

....

....

12. *¿Qué porcentaje de plantas examinadas en el ensayo realizado en Inglaterra estaban infestadas de áfidos?*

....

13. *¿Tienen virtudes las malas hierbas?*

....

....

....

PRUEBA Nº 14

1070 palabras aprox.

HORA DE COMIENZO

La primera visita que tenemos que hacer en España es a la familia de mi marido, en un pueblo de La Rioja. Por lo que dice Juan, se me figura que debe ser una familia a la antigua. Probablemente, supondrá que una rusa es un producto fantástico, como una sirena o un dragón con alas.

Mi marido me ha advertido que dirá a su madre que soy viuda de un profesor.

Está bien. No me gusta mentir; ya veremos cómo salgo del paso.

Momentos antes de la partida, María, la niñera me ha dicho que se queda aquí, en Biarritz. La pretende un chófer, que se ha retirado, y ha puesto un pequeño restaurante. Parece que entre la clientela cuenta con algunos criados de los rusos ricos que vienen por aquí. Además de los motivos sentimentales que pueda tener para casarse con mi niñera, tiene este práctico de que ella podrá entenderse con los rusos.

He deseado a María buena suerte; me hubiera gustado asistir a su boda; pero mi marido tiene prisa por ir a España. He tomado una niñera vasco-francesa, que se llama Graciosa, y que lo es, efectivamente. Me entiendo con ella muy bien.

Graciosa habla el vasco a la pequeña Olga.

No sé cómo se va a arreglar mi niña, cuando sea mayor, para hablar, oyendo en la infancia tantos idiomas al mismo tiempo.

Hemos hecho nuestro equipaje, tomando el tren hasta la frontera y seguido hasta Miranda de Ebro. Aquí bajamos, esperamos en la fonda y montamos en otro tren, que en una hora aproximadamente nos dejó en una pequeña estación, desde la que se ve un pueblo asentado en una colina, con grandes casas de piedra y viejos miradores de cristales.

Un coche de dos caballos nos esperaba a la salida de la estación. Un mozo ha cogido nuestras maletas, después de saludar a Juan con gran confianza y de mirarnos a Graciosa y a mí con curiosidad. Hemos montado; Juan se ha puesto al pescante y hemos subido al galope de los caballos la cuesta que conduce al pueblo.

—Nos va a tirar, señora —me decía Graciosa.

—No; no nos tirará —le contestaba yo; pero no las tenía todas conmigo.

El coche se detuvo ante una casa solariega, de piedra oscura, con un enorme portal. Subimos por una ancha escalera, pasamos por varios cuartos grandes y fríos hasta un comedor triste, y nos sentamos allí.

Ha transcurrido un largo rato y no se ha presentado nadie. Juan se ha puesto a encender la chimenea unos trozos de vid seca. Yo estaba asombrada de un recibimiento tan frío. Al cabo de media hora ha aparecido una vieja, encorvada, con una toca de puntilla sobre escasos cabellos grises. Es mi suegra. Mi marido la ha abrazado con frialdad; ella se ha acercado a mí, y contemplándome atentamente, de una manera escrutadora, me ha dicho:

—¿Estará usted cansada?

—No.

—Ahora le preparan el cuarto.

Después de estas palabras, no muy amables, se ha puesto a hablar con su hijo de la casa, de la hacienda, de la bodega, del vino, con una mezcla de violencia y de cólera, como si mi marido tuviera la culpa de todo lo malo que pudiera ocurrir.

Juan le oía con displicencia, contestando de mala gana.

Mientras mi suegra hablaba, han aparecido tres señoritas viejas, dos de ellas hermanas y la otra tía de Juan. La acogida entre éstas ha sido igualmente glacial.

—Hola —les ha dicho mi marido sin mirarlas apenas—. ¿Estáis bien?

—Sí, muy bien.

Se han sentado las tres solteronas, y han dicho que hacía un día muy malo; una de ellas, la más efusiva, me ha preguntado si es la primera vez que vengo a este pueblo.

Mi marido me ha sacado de la situación molesta en que me encontraba, diciéndome:

—Bueno; vamos al cuarto.

La sala que nos han destinado es enorme; pero muy fría. Yo le he dicho a Juan que la niña se va a constipar aquí, porque no hay chimenea ni medio de calentar esto, y él ha mandado que traigan un brasero; pero un brasero en un cuarto tan grande es lo mismo que nada.

Graciosa me ha indicado que a donde puede ir con la niña es a una galería de la parte de atrás de la casa, en la que da el sol.

Hemos ido allá. Es un ancho balcón, en parte cubierto de cristales y en parte no. El calor ha carcomido y tostado todas las maderas; una parra mete una de sus ramas, que recorre toda la pared de la galería. En los ángulos del techo cuelgan mazorcas de maíz, racimos de uvas y ristras de ajos. Desde allí, la vista es espléndida. Se divisan una serie de colinas que dan la impresión de una explanada enorme; en el fondo, montes ceñudos y lejanos aparecen con sus crestas nevadas; sobre el río Ebro, que no se ve, tiende una niebla larga y blanquecina. Cerca del pueblo hay un bosquecillo de álamos, que el otoño va dejando rojos y sin hojas, y que parecen llamas cobrizas que salen de la tierra.

Es un paisaje éste verdaderamente hidalguesco, por donde parece que han de andas caballeros y gente de guerra.

He dado de comer a Olga y la he dejado con la niñera en la galería, entre ristras de ajos y cebollas, de pimientos y de uvas.

Nosotros hemos comido tarde, y la comida ha sido muy larga; entre plato y plato ha habido grandes tardanzas. Yo creí que en Rusia estarían las cosas de la vida práctica mal organizadas; pero en España están todavía peor. Aquí en esta casa la cocina se encuentra al otro extremo del comedor, y, naturalmente, la comida viene fría.

Juan se ha sentado en la mesa en el sitio de preferencia; a la derecha, su madre, y a la izquierda, yo. Mi suegra me ha preguntado si los rusos creen en Dios y en Jesucristo; le he dicho que sí; pero la buena señora no se ha convencido. En el fondo supone que todos los que no son católicos van en derechura al infierno. No diré que no.

Una de mis cuñadas se ha extrañado de que sintiera frío viniendo de Rusia; pero la he dicho que allí se caldean mucho las habitaciones.

No sé la impresión que he producido en los individuos de mi actual familia; creo que esperaban encontrarme más rara.

Pío Baroja, *El mundo es ansí*

HORA DE FINALIZACIÓN

FECHA	TIEMPO	PALABRAS P.M.

CUESTIONARIO

1. *¿Cuál es la primera visita que tiene que hacer la protagonista?*

....

....

2. *¿Qué le ha dicho María antes de partir?*

....

....

3. *¿Qué motivos puede tener el chófer para casarse con María?*

....

....

....

4. *¿Cómo se llama la nueva niñera y de dónde es?*

....

5. *¿De dónde es la protagonista?*

....

6. *¿Cómo se llama su hija?*

....

7. *¿Hasta dónde viajan en tren?*

....

8. *¿Quién los recoge en la estación?*

....

9. *¿Cómo es la casa a donde llegan?*

....

....

10. *¿Quién los recibe primero?*

....

11. *¿De qué habla la madre con el hijo?*

....

....

12. *¿Quién acude después al salón?*

....

13. *¿De qué se queja la protagonista?*

....

....

14. *¿Dónde acomodan a la niña?*

....

....

15. *¿Cómo es el paisaje que se ve desde la casa?*

....

....

16. *¿Cómo ha sido la comida?*

....

....

17. *¿Cómo se han sentado a la mesa?*

....

....

18. *¿Qué le ha extrañado a una de las cuñadas?*

....

....